안전 이별
Stay or Leave

Sta ory leave

THE
SCHOOL
OF LIFE

안전 이별

알랭 드 보통 기획 · 인생학교 지음 · 배경린 옮김

orangeD

차례

들어가기 전에

→

헤어질까 말까? 절망감에 휩싸여 고민하다 보면 불현듯 관계가 지금보다 더 나빠지길 바라는 자신을 발견할 때가 있다. 차라리 애인이 절대 용서할 수 없을 끔찍한 잘못을 저질렀거나 진저리가 날 만큼 싫은 짓만 골라 해서 이제 일분일초도 얼굴을 맞대고 싶지 않다면, 즉 상대를 경멸하는 상황이라면 내가 해야 할 일은 분명해진다.

하지만 현실은 대개 복잡하기 마련이며 여러 문제가 얼기설기 엮여 있다. 여전히 애인을 좋아하고, 함께 웃으며 서로를 존중한다. 또 얼마 전 밤에는 애인이 사람들 사이에서 단연 눈에 띌 만큼 유난히 매력적으로 보였고, 하루에 스쳐 지나가는 수많은 사람 중에서 단연 상위 1퍼센트 안에 들 것만 같았다. 정떨어지는 이유를 아무리 구구절절 읊어도 그 사람을 뼛속 깊이 미워하기는 어렵다.

그렇다고 안심할 수 없다. 긴장이 풀리고 관계가 영원할 거라고 믿는 순간, 귀신같이 어떤 사건이 벌어져 경고등을 깜빡인다. 이 관계는 지속될 수 없다고, 근본부터 잘못되었다고, 기회가 있을 때 떠나야 한다고, 우리 둘 사이에 존재하는 문제를 계속 못 본 척할 수는 없다고 말이다. 그 문제란 속궁합일 수도, 정서적 교감의 부재일 수도, 갈등 상황을 그저 회피로 일관하는 태도일 수도, 아니면 어떤 순간에도 지기 싫어 언쟁을 벌이는 자존심일 수도, 혹은 따뜻함이나 즐거움의 결여일 수도 있다. 무엇이 되었든 이 모든 고민이 뜻하는 바는 명확하다. 바로 관계가 삐걱댄다는 사실이다. 특히 사이가 좋은 커플을 볼 때면 나와 애인 사이에 결여된 무언가가 뼈저리도록 아프게 다가온다.

헤어질지 말지 고민하는 건 참 외로운 일이다. 사회는 남겨진 사람에게는 굉장한 관용을 베풀고, 막 사랑을 시작한 사람을 볼 때면 내 일처럼 즐거워하며 관심을 가진다. 그러나 이별처럼 혼란과 양가적인 감정이 가득한 고민에 대해서는 영 귀찮아하고 심드렁하다. 이 때문에 이별을 고민하는 사람들은 겉으로는 씩씩한 척 굴며 입을 닫아 버린다. 연인 관계에 대해 얼마나 많이 고민하며 고통에 빠져 있는지 그 누구도 알 수 없다. 사람들이 내 애인을 칭찬하며 우리가 참 잘 어울리는 한 쌍이라 말할 때면 애써 억지 미소를 지어 보인다. 게다가 이런 상황은 왜 늘 심각한 위기 상황 직후에 생기는지. 괜찮은 척 연기하며 사는 건 너무 힘들다. 새벽 세 시가 되어서야 선택의 순간을 마주하고, 그 뒤에 버티고 있는 공포를 온전히 느낄 수 있다.

마음 터놓고 이야기할 사람을 찾기도 힘들다. 아무리 생각해 봐도 진짜 믿고 얘기할 만한 친구가 떠오르지 않는다. 그나마도 힘들게 이야기를 털어놓으면 당장 헤어지라거나 그냥 참으라는 조언이 전부다. 친구들의 조언을 듣다 보면 각자가 지닌 가치관이나 인생 경험이 끼어들어 문제의 본질을 흐리고 있다는 생각이 든다.

이 책은 우리를 타성으로부터 벗어나게 만드려는 시도다. 오랫동안 깊이 고민하고 바랐던 일을 마침내 행동으로 옮기기 전, 스스로 내린 결정이 정당하다고 확인받고 싶을 것이다. 그럴 때 이 책이 선택의 당위성을 제공하기를 바란다. 때때로 이별이라는 문제를 가감 없이 풀어내는 과정이 우리의 기대를 거스를지도 모른다. 어쩌면 전혀 생각하지 못했던 새로운 관점에서 희망이나 헌신이라는 개념을 살펴볼 수도 있다. 각자가 원하는 바와 선호하는 방식이 무엇인지 확실히 알기 위해서는 먼저 우리 모두가 동의하는 지점과 저항하는 지점을 파악해야만 한다.

이 책을 읽은 뒤 누군가는 헤어지지 않겠다고 마음을 굳힐지도 모른다. 누군가는 당장 애인과 대화를 시도할 것이며 또 누군가는 이별을 결심할 것이다. 어느 쪽이든 우리 모두가 궁극적으로 원하는 바는 문제를 당장 해결하는 것이다. 갈팡질팡하는 마음을 붙들고 살 수는 없다. 지금의 관계에 충실하거나 아니면 정리하거나, 결국 둘 중 하나를 선택해야 한다. 헤어지지 않는다면 분명한 결정의 이유를 설명할 수 있을 것. 헤어지고자 마음먹는다면 자기 결심에 의심과 후회를 최소화할 것. 그것이 우리가 만들어 낼 수 있는 가장 훌륭한 결론이다.

우리가 당연히 누려야 할 확실하고 안정적인 미래를 만들어 나가는 길에 이 책이 도움이 되길 바란다.

1. 변화를 기대해도
괜찮을까?

$\longrightarrow$

우리는 상대를 있는 그대로 받아들이는 것이 진정한 사랑이라 믿는 문화 속에서 살고 있다. 평화롭고 다정하게 애인이 건네는 한마디, "있는 그대로의 네가 좋아." 이보다 더 로맨틱한 말이 어디 있을까. 반대로 관계가 끝나가는 연인들이 서로에게 던질 수밖에 없는 가장 쓰디쓰고 실망스러운 말은 다음과 같다. "왜 너는 나를 있는 그대로 봐 주지 않아?"

상대방이 변화를 강요해서 헤어졌다고 말하면, 사람들은 언제나 깊은 공감과 함께 내 편이 되어 준다.

이런 말들은 상당히 그럴듯하게 들릴 것이다. 하지만 인간이란 동물의 본질에 대해 찬찬히 되새겨 보면 이상한 점이 속속 드러난다. 인간은 제정신이 아니고 늘 어딘가 고장이 나 있으며, 고통에 신음하고, 쉬이 눈이 멀어 유혹에 현혹되는 존재다. 다른 동물에 비해 그저 손톱만큼 진화했을까 싶은 영장류에 불과하다. 비하하려는 게 아니다. 인간은 말 그대로 다소 미친 구석이 있다. 특히 어린 시절의 경험에 평생 영향을 받는다. 이 때문에 변화에 과도하거나 둔감하게 반응하는가 하면 현실의 중요한 이치들을 이해하는 데 늘 실패하고, 타인을 완전히 곡해해 버리기도 한다. 자신의 미래를 확신하지 못하고 다른 사람들이 고개를 갸웃거리는 이상한 판단을 밥 먹듯 해 대면서도 정작 뭐가 어떻게 돌아가고 있는지 파악조차 하지 못하는 경우가 허다하다.

이런 점을 고려하면, 변화는 불가능하고, 변하라는 요구는 모욕이며, 우리는 모두 있는 그대로 사랑받을 자격이 충분하다고 주장하는 것은 오만함과 불합리의 극치라고 할 수 있다. 인간의 본성만 따져 보아도 그렇다. 지치지 않고 끊임없이 변화해 나가는 것이야말로 인간 존재의 핵심이 아니던가. 과거의 나는 어떤 사람이었고, 지금의 나는 어떤 사람인지 한 점 부끄러움 없이 말할 수 있는 사람이 과연 있을까? 긍정적으로 발전하게끔 이끌어 주는 애인의 상냥한 충고를 어째서 받아들이지 못할까?

진짜 어른이 무엇인지 새로운 정의가 필요하다. 제대로 된 어른이란 나를 생각해서 건네는 조언에 발끈하지 않는 사람이다. 제대로 된 어른은 쓴소리도 달게 받아들여 더 나은 삶을 위한 기회로 삼는다. 우리 모두는 스스로를 끝없이 성장시켜야 한다는 사실을 알고 있다. 내면이 건강한 사람은 인간이 모두 아픈 존재이며, 본인 역시 다르지 않다는 사실을 이해하고 있다. 반대로 말하면, 자신은 변할 필요가 없다고 믿으며 그런 말을 꺼내는 사람을 비정상이라고 비난하는 자들이야말로 그 누구보다 변화가 시급하다. 그런 부류의 사람들은 당신이 변화의 '변' 자라도 입에 담기 무섭게 성을 내며, 되레 당신을 이상하고 예민한 사람이라 몰아붙일 것이다.

물론 상대가 변하길 바랄 때는 따뜻하고 성숙한 태도로 부탁해야 한다. 우리가 바라는 건 상대를 부족한 사람이라고 압박하고 괴롭히는 게 아니라, 사랑하는 이가 좀 더 특별한 방식으로 성장하는 것이다. 더 다정해지거나 적어도 왜 더 다정하게 행동하지 못하는지 스스로 설명할 수 있기를. 자신의 매력에 대해 더 깊게 알기를. 자신의 과거가 현재의 삶에 미치는 영향을 이해하기를. 유난히 쉽게 이성을 잃고 분노할 때가 있다면, 자신을 자극하는 트리거가 무엇인지 알고 다루는 법을 익혀 나가기를. 삶에 해로운 버릇이나 중독적으로 집착하는 것이 있다면 이를 인정하고 타인이 내미는 도움의 손길을 받아들이기를. 사람들 앞에서 서로를 무안 주거나 친구와 자녀 앞에서 나를 저버리지 않기를. 서로에게 늘 충실하고 다정하기를. 그리고 항상 곁에 있다는 안정감을 공유하고 서로의 안식처가 되어 주는 동반자로서 함께 성장하기를….

이 중 어느 것도 사랑 그 자체는 아니다. 다만 모두 사랑이 하는 일이다. 사랑이란 연인이 서로에 대한 지지와 공감, 동등함을 바탕으로 서로가 더 나은 모습이 될 수 있도록 함께 배우고 가르치는 교실이 되어야 한다. 사랑이 각자의 나쁜 면을 부각하거나 상대의 고통에 침묵으로 일관하도록 만드는 두 사람만의 동굴이 되어선 안 된다.

"내가 어떤 점을 바꾸면 좋겠어?"라는 질문은 연인 사이에 나눌 수 있는 가장 상냥하고 성숙한 질문이다. 진심을 가득 담아 건네는 "내가 어떻게 변하면 네가 더 편안해질까?"라는 말 한마디만큼 로맨틱한 선물이 또 있을까.

충분히 좋은 관계는 우리에게 자신의 결점을 직시할 수 있는 용기를 준다. "네가 변했으면 좋겠어." 이 말은 매정함의 표식이 아니라 상대가 당신을 아낀다는 증거다. 내게 딱 맞는 사람이란 아무런 결점이 없는 사람이 아니라 본인이 지닌 문제를 해결하고자 성심껏 노력하는 사람이다. 그러면 한발 더 나아가 생각해 보자. 변화를 거부하는 상대와 함께할 때, 변화를 위해 당신이 기울이는 노력을 자신에 대한 모욕이라 치부하는 상대와 함께할 때, 이제 내 삶에 큰 변화가 필요하다고 느끼는 것이야말로 지극히 자연스러운 반응이 아닐까.

2. 차이를
극복할 수 있을까?

───────────────────→

헤어지는 이유를 설명할 때 우리는 주로 '차이'에 주목한다. 창의적이되 체계적이지 않은 사람은 계획적이고 깔끔한 사람과 상극이다. 한 사람은 등산을 좋아하는데 다른 사람은 야외 활동을 끔찍하게 싫어한다거나, 한 사람은 뚜렷한 외향형인데 다른 사람은 내향인이라거나. 그런 두 사람이 헤어지는 건 너무 당연해서 놀랍지도 않다.

이렇게 차이에 기반한 설명은 주류 연애관에 의해 더욱 힘을 얻는다. 공통점이 많을수록 관계가 원만하다거나, 성격과 성향의 차이가 관계를 갈라놓는다는 식의 이론 말이다. 이런 생각이 얼마나 주류로 자리 잡고 있는지는 데이트 앱만 보아도 여실히 드러난다. '천생연분'인 상대를 찾아 주기 위해 데이트 앱은 데이터베이스를 샅샅이 뒤져 나와 취향, 관심사, 가치관 등이 가장 비슷한 사람을 추천한다. 차이가 적으면 적을수록 관계가 진전될 확률이 높다고 전제하는 것이다.

물론 꽤 설득력 있는 이야기다. 하지만 여기에는 사랑이라는 감정의 가장 근본적인 진실을 간과한 치명적인 맹점이 있다. 서로가 다르다는 이유만으로 헤어지는 커플은 없다는 사실 말이다. 두 사람이 헤어지는 결정적인 이유는 그저 달라서가 아니라, 둘 중 하나가 벽에다 대고 말하는 것 같은 상황을 더 이상 견디지 못해서다. 서로 적절하다고 느끼는 잠자리 횟수부터 사회생활을 어떤 식으로 해 나갈지 등 하나부터 열까지 서로 맞지 않는데도 함께하는 커플이 있는가 하면, 거의 모든 부분에서 찰떡궁합이지만 각자의 사생활이 너무 없어 숨이 막힌다며 헤어지는 커플도 있다.

사랑을 잘 키워 나가는 비결은 서로 다른 부분을 제거하는 게 아니라 어떻게 다루는지에 달려 있다. 그 방법은 호기심에서 출발해 기꺼이 상대에게 맞추어 나가려는 마음일 수도, 서로를 용서하고 나의 부족한 부분을 인정하는 태도일 수도 있다. 반면 끝이 좋지 않은 경우를 보면 대개 서로에게 방어적이거나 완고할 정도로 상대의 말에 귀를 닫는 경향이 있다.

두 사람이 얼마나 잘 맞는지의 여부가 사랑을 지속시키는 근간이 아니라는 점을 우리는 이미 잘 알고 있다. 맞고 안 맞고를 따지는 건 끝이 없는 문제다. 독서와 낱말 퍼즐, 북이탈리아식 요리, 아이스하키와 조니 미첼의 음악을 좋아한다는 공통점을 가진 두 사람이 불같은 사랑에 빠지기란 매우 쉽다. 하지만 차츰 한 사람은 사교댄스를 좋아하지만 상대는 고고학에 더 관심이 있다는 차이가 드러난다. 한쪽은 라구 소스를 좋아하는데, 상대는 캐서롤이나 파이 요리를 더 좋아한다는 사실 말이다. 이런 상황을 겪으면서 우리는 점점 더 세밀한 체크리스트를 만들고, 이에 맞지 않는 사람은 빠르게 배제함으로써 갈등을 피하려는 유혹에 휩싸인다. 하지만 그러면 그럴수록 천생연분이라는 실현 불가능한 환상만 좇게 될 뿐이다. 제물낚시를 즐기고 존 르 카레의 소설을 좋아하는 사람을 찾아냈지만, 그 사람이 가염 버터를 싫어하고 부엌 찬장 문을 잘 닫지 않는다면 어떻게 할 텐가. 여름휴가를 계획할 때는 죽이 척척 맞지만 지지 정당이나 정치색이 다른 사람은? 모든 면에서 찰떡궁합인 커플이 한낱 침실 커튼 색깔을 두고 말다툼을 벌이고, 아이 이름을 짓다가 싸우고, 휴지를 너무 헤프게 쓴다느니 수압파쇄법이 윤리적이니 비윤리적이니 하는 문제로 언쟁을 벌이기도 한다.

다시 말해서, 공통분모는 초기 관계의 진전을 돕는 게 전부다. 어느 순간부터는 천생연분이라 불리는 커플 사이에도 차이가 드러날 수밖에 없다. 관건은 차이를 다루는 태도에 달려 있다. 어떤 반응은 성숙하고 매력적이나 어떤 반응은 실망스럽다 못해 오만 정이 뚝 떨어진다.

견해차가 있을 때 서로에게 건네야 하는 말은 바로 다음과 같다. "그랬구나. 무슨 말인지 알겠어. 한번 생각해 보고 내가 좀 더 노력할게." 다시 말해 서로가 다르게 느끼는 지점이 무엇인지 이해했으며, 시각 차이를 존중한다는 느낌을 주는 것이 중요하다. 상대방의 생각이나 관점을 꼭 받아들이지는 않더라도, 그렇게 생각하는 이유가 무엇인지 이해하고 서로의 생각을 들여다보기 위해 노력할 수는 있다. 각자의 존재를 근본적으로 존중하고, 그것이 서로에게 매우 중요한 문제라는 사실을 이해한다면 말이다. 이러한 마음가짐을 가진 사람은 연인 사이에 다소 껄끄러울 수 있는 주제라 할지라도 회피하거나 얼렁뚱땅 넘어가지 않는다. 불만이 있거나 상대를 비판할 때도 최대한 부드러운 단어를 골라 신중하게 말하며, 면전에다 대고 핀잔을 주거나 얼굴을 붉히는 일이 없다. 또한 "다 네 잘못이고 문제야" "너 왜 이렇게 꼬였어" "네가 예민한 거야"라는 식으로 본인은 문제가 없고 전부 상대방 잘못이라는 말은 절대 하지 않는다. "밖에서도 하루 종일 시달리고 왔는데 너까지 왜 이래"라는 말도 일절 하지 않는다. 무슨 말을 하기가 무섭게 면박을 주거나, 평정심을 잃고 날을 세우는 일도 없다. 어쩌다 그런 일이 생기더라도 금방 사과하고 다른 방식으로 대화를 이어 나가고자 노력한다. 즉, 좋은 동반자란 자신의 관점을 더 나은 방향으로 발전시켜야 한다는 사실을 인지하고, 변화의 가능성에 늘 열려 있는 사람이다.

반면 겉보기에는 잘 어울리지만 장기적으로 사랑을 파괴하는 사람의 행동 패턴은 다음과 같다. 자기방어와 자존심 내세우기에만 급급하기, 귀 닫아 버리기, 상대가 너무나 간절하게 대화를 나누고 싶어 한다는 사실 외면하기, 상대가 연인으로부터 존중받으며 이야기를 나눌 당연한 권리가 있다는 점 무시해 버리기.

방어 심리는 커플이 헤어지는 가장 큰 원인이다. 자존심과 거부감으로 똘똘 뭉쳐 그 어떤 말도 경청할 수 없는 상태야말로 커플이 더 이상 함께할 수 없게 만든다. 사회 인식이나 인테리어 취향의 차이 따위는 결코 연인 관계를 파탄 낼 수 없다. 내 생각을 제대로 표현할 수 없고 따라서 내 말이 상대의 귀에 닿을 수도 없어 깊은 좌절감에 빠지도록 만드는 끔찍한 과정이 쌓이고 쌓여, 결국 파국으로 치닫는 것이다. 우리가 진정 원하는 사람은 모든 취향과 관심사를 공유하는 사람이 아니라, 겸손과 호기심을 가지고 서로 다른 취향의 차이를 맞추어 나갈 줄 아는 다정한 영혼의 소유자다.

3. 변하겠다는 말을
믿어도 될까?

⎯⎯⎯⎯⎯⎯⎯⎯⎯⎯⎯⎯⎯⎯→

사람은 변할 수 있을까? 이 질문은 우주에 대한 물음처럼 다소 관념적으로 들린다. 하지만 여기에는 그것보다 훨씬 개인적이고 고통스러운 동기가 있을 가능성이 크다.

우리는 종종 만나는 사람이 나에게 가장 큰 고통을 주는 존재는 아닌지 묻곤 한다. 속마음을 숨기고 입만 열면 거짓말인 사람, 폭력적이거나 냉담한 사람, 자학적인 사람, 혹은 연인 관계를 수렁에 빠트리는 사람. 내 애인이 그런 사람은 아닐까? 현재의 관계에 깊은 좌절감을 느끼면서도 어떻게 대처하면 좋을지 속시원하게 답을 내리기는 어렵다. 이건 아니다 싶은 생각이 든다고 곧바로 자리를 박차고 일어나 이별을 고하기란 쉽지 않다. 전부 포기해 버리기에는 감정적으로나 실질적으로 너무나 많은 시간과 정성을 쏟았다. 늘 무언가에 발목을 잡히는 기분이다. 내 마음속에 꽉 들어찬 문제적 인간 하나를 이해하기 위해 끙끙대다 결국 인간 본성 전반이 궁금해지기 시작한다. 인간이란 대체 무엇일까? 사람은 과연 변할 수 있을까?

사람이 과연 변할 수 있을지 질문한다는 건 이미 가까운 누군가와 이 문제를 두고 진저리 나도록 실랑이했다는 뜻이다. 당신의 애인은 변화라는 주제를 꺼내기가 무섭게 매정하다느니, 너는 너만 안다느니 하면서 적반하장으로 벌컥 화를 낼지도 모른다. 그러다 한밤중에는 문득 다 자기 잘못이라며 자책하고, 해가 뜨기 무섭게 밤새 무슨 일이 있었냐는 듯 태도가 돌변한다. 그 자리에서는 아무리 "알았어, 고칠게"라고 말하고 노력을 다짐할지라도, 결정적인 상황이 되면 또 말짱 도루묵이다.

논의에 앞서 먼저 생각해 볼 문제가 있다. 우리는 상대가 변하길 바라도 괜찮을까? 이런 고민을 안긴 당사자는 매우 강하게 "아니"라고 대답할 것이다. 하지만 좀 더 상상력을 발휘해 보자. 자신이 받는 사랑에 어울리는 사람이 되기 위해 성장해야 한다는 사실을 거부할 수 있는 것은 '완벽한' 사람뿐이다. 그 외에는 상대의 진심 어린 변화 요청을 흔쾌히 수용하고 심지어 바로 행동에 옮기기 위해 노력할 것이다. 이러한 상황에서 발끈하는 사람이야말로 본인에게 변화가 절실하다는 사실을 스스로 증명하는 셈이다.

변하는 것은 왜 이리도 어려울까? 변화를 유난히 꺼리는 사람은 문제가 무엇인지 몰라서 변화를 거부하는 것이 아니다. 이에 시금치가 꼈다고 알려 주면 바로 확인하는 것처럼, 문제를 지적한다고 상대가 곧바로 변하리라 생각하면 오산이다. 변화를 거부하는 행위는 더 완강하고 적극적이며 자발적이다. 이런 사람들은 문제 상황을 회피하거나 흐린 눈으로 보는 게 성격과 행동 패턴으로 굳어진 경우가 많다. 심지어 술을 마시거나 일벌레처럼 없는 일도 만들어 몰두하거나, 자신에게 민감한 주제를 꺼내는 사람에게 면박을 주고 빈정거리는 등 꽤나 공격적인 방식으로 성찰의 기회를 날려 버린다.

달리 말해 사람이 변하지 않는 건 자신의 문제를 몰라서가 아니라 문제를 매우 적극적으로 회피하기 때문이다. 그토록 변화에 거부감을 내비치는 데는 여러 원인이 있다. 예를 들어 너무 나약하고 무력하게 겪어야 했던 어떤 고통스러운 순간이 떠오르거나, 시간이 지난 지금도 당시의 문제를 마주할 준비가 되지 않아서다. 따라서 변화를 거부하는 사람을 대할 때는 트라우마를 지닌 사람을 대할 때와 비슷한 태도로 접근해야 한다.

이런 갈등 상황에서의 관건은 내가 무엇과 맞서고 있는지를 깨닫는 것이다. 도통 변하지 않는 상황이 그토록 큰 좌절감을 주는 이유는 상대가 변화를 왜 그렇게 힘들어하는지 도저히 이해할 수 없어서다. 더 나은 사람이 되기 위해 요만큼만 노력해 달라는 부탁이 그렇게까지 수용하기 힘든 일인가? 하지만 그 상황이 상대에게 얼마나 큰 문제인지, 또 문제를 대하는 마음은 어떻고 문제를 마주하지 않기 위해 그동안 얼마나 안간힘을 써 왔는지를 이해한다면 좀 더 현실적이고 상대를 배려하는 방향으로 문제에 접근하게 된다. "그냥 그렇게 하는 게 어려워?"라는 식의 접근법은 완전히 잘못되었다는 사실을 인정하는 것이다.

무엇보다 관점의 전환은 나 역시 그 문제로부터 자유로
워지게 만든다. 두 사람의 관계가 인간의 변화 가능성을
회의하는 지경에까지 다다랐다면, 나 자신에게도 질문
을 던져 보아야 한다. 답을 찾기 상당히 어렵고 어찌 보면
다소 억울하게 느껴질지도 모를 다음과 같은 질문들 말
이다. 상대가 변할 가능성이 거의 없다는 사실이 너무 명
확해서 더 이상 희망을 품는 게 의미가 없음에도 불구하
고 나는 왜 여전히 그 문제를 놓지 못할까? 왜 절대 열리
지 않을 문을 열기 위해 아등바등할까? 왜 늘 똑같은 패
턴으로 좌절하면서 이번만큼은 다르기를 바랄까? 왜 이
루어지지 못할 바람에 이토록 집착할까? 끝없이 기대하
고 그 기대가 꺾이는 반복 속에서 계속 자극받고 되살아
나는 우리의 이야기는 과연 무엇일까?

진정한 변화를 꾀한다면 늘 상대가 변하기만을 목이 빠
져라 기다리는 수동적인 자세를 바꾸어야 하지 않을까?
나에게 주어진 선택지를 좀 더 유연하게 살펴보고 내가
중요하게 여기는 요소를 잘 갖춘 사람을 고를 수 있는 안

목을 길러야 한다. 부탁을 계속 묵살하기만 하는 사람을 단호하게 쳐 낼 수 있는 결단력도 필요하다. 사람은 언제 변하는지, 변하는 데 얼마나 오래 걸리는지, 아니면 과연 변하기는 하는지 따위를 전전긍긍하며 에너지와 시간을 허비하지 않도록 마음가짐을 새로이 해 보는 건 어떨까.

4. 정말 섹스 때문에
헤어지는 걸까?

$\longrightarrow$

1755년의 프랑스 귀족이나 1952년의 스코틀랜드 농장주 혹은 인류가 기원한 이래 존재했던 대부분의 사람에게는 해괴망측하게 들리겠지만, 현대 사회에서 연인 관계가 원만한지 판단할 때 필수 불가결한 요소로 꼽히는 기준이 있다. 바로 왕성하고 만족스러운 성생활이다. 우리는 강렬한 성적 긴장감이 없는데도 불구하고 연인 관계를 지속하는 것이 오히려 별나고 이상하게 여겨지는 시대에 살고 있다. 불만족스러운 잠자리는 꽤 그럴듯하고 납득할 만한 이별 사유로 통한다. 이 때문에 '섹스리스라서' 혹은 '속궁합이 안 맞아서' 헤어진다고 하면 주변 사람들의 동정과 이해를 얻기도 쉽다.

하지만 이런 생각은 어딘가 이상하고 터무니없다는 것도 사실이다. 길어야 고작 몇 분 지속될 뿐인 감각의 만족도와 빈도가 이별의 진짜 이유일까? 굳이 따지면 끝내주게 맛있는 디저트를 먹거나 클럽에서 신나게 춤출 때와 비슷하거나 조금 덜한 정도의 즐거움을 선사하는 행위 때문에? 정말로 이런 문제 때문에 자녀를 버리고, 가정을 파괴하고, 그동안 모은 재산을 몽땅 축내고, 제 발로 지옥의 구렁텅이로 걸어 들어간단 말인가? 헤어지는 이유가 섹스 때문이라는 말은 대체 어디까지가 진실일까?

섹스를 이해하기 어려운 이유는 바로 이 행위가 육체적이면서 동시에 감정적이기 때문이다. 이러한 이중성 때문에 헤어질지 말지를 두고 각종 이유를 생각할 때 섹스는 상당히 애매한 위치에 자리하게 된다. 어떤 섹스는 테니스 게임 한 판과 별다를 것 없지만, 또 어떤 섹스는 상대와 영혼을 나누는 의식으로 다가온다. 섹스라는 행위 자체는 항상 엇비슷하지만, 그 의미나 중요성은 감히 어떤 잣대로도 가늠할 수 없을 만큼 천차만별이다.

이쯤에서 한번 이론을 재정립해 보자. 사실 '섹스가 별로'

라는 이유만으로 연인 관계를 정리하는 사람은 없다. 물론 이 말에 겉으로는 고개를 끄덕이면서도 속으로는 '그래도 섹스가 문제일 수 있지'라고 생각하는 독자들이 많을 것이다. 하지만 섹스는 근본적인 문제가 아니다. 진짜 문제는 다른 데 있다. 다른 조건이 잘 맞고 충족된다면 섹스리스나 속궁합 문제 따위는 부차적이고 얼마든지 감내할 수 있기 때문이다.

우리가 진정으로 견딜 수 없는 것, 그래서 애인에게 이별을 고하고 싶게 만드는 것은 바로 애정의 부재다. 상대의 관심을 받는 것, 내 존재를 이해받고 받아들여지는 것, 긍정적인 자극을 받는 것, 내 목소리에 귀 기울여 주는 누군가가 있다는 것, 나를 소중하게 여기고 애정을 쏟는 누군가가 있다는 것을 충만하게 느끼는 것이 연인 관계의 핵심이다. 이러한 감정적 교류가 없는 연인 관계는 결국 한쪽을 말려 죽인다. 사랑받는다는 감정은 참으로 다양하고 폭넓은 방식을 통해 전달되고 느껴진다. 서로의 팔다리를 얽고 입술을 맞대는 스킨십이나 서로의 성적 판타지를 충족시키면서 사랑을 느낄 수도 있지만 따뜻하게 마주 잡는 손, 잠결에 내 등 뒤에 바짝 붙이며 몸을 웅

크리는 순간, 속상한 마음에 최대한 귀 기울이며 공감해 주는 모습, 내가 바라는 것을 늘 잊지 않고 기억하는 세심함에 사랑을 느끼기도 한다. 또 집에 돌아왔을 때 애인이 건네는 산뜻하지만 애정 가득한 입맞춤이 격렬한 섹스보다 더 큰 유대감을 선사하기도 한다.

잠자리가 소원해지는 것이 두려운 이유는 섹스가 주는 육체적 즐거움이 사라져서가 아니라, 끊임없이 애정의 증거를 갈구하는 욕구가 충족되지 않을 것이라는 걱정 때문이다. 우리는 상대의 마음속에 내가 중요한 자리를 차지하고 있다는 사실을 확인해야 비로소 안도한다. 즉 섹스의 부재 그 자체가 아니라, 섹스가 의미하는 친밀감과 내밀함의 부재가 문제다.

내일 중요한 회의가 있거나 혹은 옆방에서 아기가 계속 울어 대는 바람에 너무 피곤해서 도저히 잠자리를 가질 기분이 아닐 수 있다. 그래도 애정을 확인받고 싶은 욕구가 얼마나 당연하고 중요한지 이해하는 애인과 나의 욕구를 그저 비이성적이고 쓸데없다 치부하는 애인 사이에는 엄청난 차이가 있다. 두 상황 모두 표면적으로만 놓고 보면 섹스리스라는 공통점이 존재한다. 하지만 그 이면에 흐르는 감정적 교류는 극과 극이다. 전자라면 비록 애인이 나의 요구에 응하지는 않았지만 나를 사랑하고 원한다는 사실은 느낄 수 있다. 하지만 후자라면 이제는 상대방을 떠날 때다.

성생활이 다소 불만족스러워도 내 욕구가 나에게 얼마나 큰 의미인지를 이해하고 늘 따뜻하고 살갑게 보듬어주는 사람과 함께라면 내가 원하는 바를 상대에게 밀어붙이는 행동은 자연히 줄어든다. 두 사람 사이의 애정이 충만하다면 성적 에너지와 취향의 차이, 한쪽에게는 다소 버겁게 느껴질 법한 섹스 판타지 등은 두 사람의 관계를 위협하는 결정적인 요소가 아니다. 관계가 파국으로 치닫는 이유는 상대가 나의 요구에 응하지 않아서가 아니라, 지나치게 벽을 세우고 냉담하게 거부하며 심지어 나를 모욕한다는 느낌을 주기 때문이다.

관계가 회복될 수 있는지 가늠하기 위해선 먼저 우리에게 닥친 문제가 성생활이 아니라 그 이면에 자리한 다른 무언가라는 사실을 이해해야 한다. 비록 섹스에서 한쪽이 오르가슴을 느끼지 못하거나 성적 판타지를 충족하지 못하더라도, 양쪽 모두 순수하게 서로가 서로를 원하는 느낌을 공유한다면 그 관계에는 분명 희망이 있다. 이 미묘한 차이를 이해하는 것이 아주 중요하다. 상대와 이별하게 될지라도 이별의 이유가 무엇인지 정확하게 알아야 하기 때문이다. 헤어진 이유가 섹스 혹은 속궁합 때문이라고 단정해 버린다면 내가 애인에게 궁극적으로 바라는 바를 오인하게 된다. 사실 사람들은 생각보다 속궁합을 그렇게까지 중요하게 여기지 않는다. 우리가 찾는 애인은 속궁합 파트너가 아니라 한결같은 애정과 이해심을 가진 사람이다. 그리고 후자에 부합하는 사람을 찾는 것이 훨씬 더 어렵다. 앞으로 당신이 만나게 될 사람이 이제껏 만난 그 누구보다 뛰어나지만 잠자리에서는 조금 아쉽게 느껴질지도 모른다. 그럼에도 거기에 목매달 필요는 없다. 잠자리가 아니더라도 충만하고 안정적인 방법으로 애인의 사랑을 듬뿍 확인할 테니 말이다.

5. 아이가 있으면
어떻게 해야 할까?

───────────────────→

인류 역사를 통틀어 사랑이 연인 혹은 부부 관계의 핵심이었던 적은 거의 없다. 그보다는 재산을 지키기 위해, 사회적 지위를 유지하기 위해, 자원을 확보하기 위해, 농경을 원활히 하기 위해 그리고 자손의 번성을 도모하기 위해 결혼하고 관계를 유지해 왔다. 부부가 이전과는 획기적으로 다른, 동반자로서의 관계를 형성한 것은 긴 전체 인류 역사에서 찰나의 시간에 불과한 250년밖에 되지 않는다. 낭만주의라 일컬어지는 문화사적 운동은 관계의 핵심을 실용적인 것에서 찾는 대신 두 사람을 하나로 묶는 강렬한 정서적 교감을 최우선의 가치로 만들었다. 즉 섹스로 대변되는 성적 교감이 얼마나 원활한지, 상대를 얼마나 잘 이해할 수 있는지, 서로를 영혼의 동반자라고 느끼는지 여부가 관계를 판단하는 새로운 기준이 되었다.

굉장히 야심 차고 독특한 낭만주의 연애관은 전통적으로 부부 관계에서 의심의 여지없이 최우선으로 여겨졌던 '자녀는 부모와 한 지붕 아래 사는 것이다'라는 명제를 뿌리부터 뒤흔들어 놓았다. 정착 농경 사회가 시작된 이래로 가족이란 운명 공동체의 유지는 부모의 내적 충족감이나 정서적 만족감보다 훨씬 중요한 과제였다. 아내와 소원해진 남편이 아무도 모르게 눈물을 떨구거나 늘 반복되는 남편과의 출구 없는 실랑이에 아내가 화병에 걸릴지언정, 가족을 버리고 떠나거나 새로운 삶을 시작하는 건 감히 꿈도 못 꿀 일이었다. 부부란 서로를 사랑해서가 아니라 여러 현실적인 상황과 사회 관습적, 종교적 의무를 다하기 위해 유지되는 관계였기 때문이다. 이러한 관점에서 배우자가 과연 행복한지 혹은 벗어날 수 없는 절망감에 허덕이는지 여부는 그리 중요하지 않았다.

오늘날의 관점에서 보면 너무 잔인하게 느껴질지도 모르

나, 이러한 관계에도 분명 장점이 있었다. 특히 아이의 양육 면에서 그러했다. 그저 서로의 미적 취향이 안 맞거나 속궁합이 안 맞는다는 이유로 부모가 갈라서는 상황은 없었기 때문이다. 그리고 부모 중 한쪽이 관계에서 소외감을 느끼고 충분한 애정을 느끼지 못한다는 이유로 헤어지는 바람에 의붓형제가 가득한 집을 전전하며 자라는 일도 없었다.

반면 현대 사회에서는 정서적 유대감이 무너지고 배우자로부터 상처 입은 사람이라면 누구나 다음과 같은 고민을 마주한다. 내 마음을 충실히 따라 가정을 떠날 것인가, 아니면 아이들을 생각해서 참고 살 것인가?

주류 연애관은 양육의 문제도 낭만주의 관점에서 다룬다. 이에 따르면 아이는 부모 간의 정서적 유대감에 지대한 영향을 받는다. 부모 사이에 오가는 진솔한 감정에 영향을 많이 받고 그만큼 부모의 관계에 신경을 많이 쓴다는 것이다. 부모와 마찬가지로 아이 역시 사랑이 '진실'하기를 바란다. 이러한 낭만주의 정신에 따르면 나의 감정과 정서를 우선시하며 사는 게 얼마나 중요한지 아이에게 몸소 알려 주기 위해 이혼하라는 조언이 힘을 얻기도 한다. 침실 두 칸에서 의붓형제 네 명과 복닥거리며 사는 한이 있더라도 부모가 사랑이라는 가치를 추구하며 살아가는 모습을 보는 게 더 낫다는 뜻이다.

그런 조언도 일리가 있지만 좋은 선택이라 수긍하기는 힘들다. 그러니 조금 다른 지점에서 논의를 시작해 보면 어떨까. 아이가 진정으로 원하는 것이 무엇인지 비교함으로써 대안을 모색하는 것이다.

아이는 지극히 현실적인 존재다. 이를테면 아이는 본인이 편하게 여기고 좋아하는 호텔에서 휴가를 즐기는 손님에 비유할 수 있다. 이 때 손님이 요구하는 사항은 지극히 실용적이고 합리적이다.

- 관리상 번거로운 절차는 최소한으로 원한다.
- 편안하고 쾌적하게 지낼 수 있도록 돌봐 줄 사람이 필요하다.
- 일정 변경은 최대한 없어야 한다.
- 새로운 사람들과 부대끼는 상황은 원하지 않는다.

- 아침 식사 자리에서 반벌거숭이 차림의 낯선 성인을 마주하는 상황은 절대 사양이다.
- 내가 묵는 호텔에 대한 뒷말이 무성해 거기 묵는다는 사실만으로 눈치가 보여선 안 된다.

이러한 맥락에서 보면 아이가 그다지 신경 쓰지 않는 요소는 다음과 같다.

- 부모의 잠자리 빈도와 만족도.
- 부모가 서로 죽고 못 사는 동반자인지 여부.
- 부모 각자의 취미 활동.

이렇게 비교 목록을 뽑아 보면 아이의 안녕 때문에 갈라서기를 망설이는 사람들이 답을 찾는 데 도움이 될 것이다. 헤어지는 것도, 헤어지지 않는 것도 얼마든지 아이를 위한 선택이 될 수 있다. 부모의 정서적 만족감은 어린 아이에게 최우선 고려 사항이 아니기 때문이다. 그들에게 가장 중요한 조건은 바로 부모의 선택이 본인의 삶을 얼마나 뒤흔드는지 여부다. 예를 들어 호텔 매니저들끼리 미친 듯이 싸우면 손님은 호텔에 편안하게 머물기 힘들다. 부모가 헤어지는 것이 아이의 삶에 큰 위협이 될 수 있고, 반대로 아이의 삶에 티끌만큼의 영향도 끼치지 않을 수 있다. 헤어지느냐 마느냐의 문제가 너무나 까다로운 이유는 아이가 그 문제에 큰 관심이 없기 때문이다. 아이에게는 방해받지 않는 삶, 즐거운 환경, 그리고 부모 사이의 원만한 분위기가 제일 중요하다.

따라서 이별을 고려하는 경우라면 다음과 같은 사항을 염두에 두어야 한다.

- 아이는 집을 옮겨 다니며 사는 걸 원치 않을 것이다. 차라리 부모 중 한쪽이 오가며 사는 걸 더 선호할 수 있다.
- 부모가 각자의 새로운 애인과 잘 지내기를 바라지만, 본인은 부모의 새 애인과 잘 지낼 생각이 없을지도 모른다.
- 부모가 느끼는 좌절감이 얼마나 큰지 관심이 없을 수 있다. 다만 부모의 금실이 좋은 건 쉽게 감지하는 편이다.

진솔하고 솔직한 관계에 대한 낭만주의의 탐구는 인류 역사의 발전에 큰 전환점이 되었다. 하지만 아이라는 존재에게 중요한 요소가 무엇인지에 대해서는 큰 혼란을

야기했다. 오히려 비非낭만주의 관점이 아이 문제에 대해서는 더 명확한 방향을 제시한다. 아이의 안녕이라는 커다란 과제를 두고 서로 화합하지 못할 지경에 이른 부부라면 차라리 갈라서는 게 낫다고 보기 때문이다. 다만 이별을 선택하는 경우 아이의 삶이 안정적으로 유지되도록 최선을 다해야 한다. 호텔 내부의 불화로 경영진이 분리될 수는 있지만 손님의 불편을 최소화해야 한다는 점에서는 뜻을 같이하는 것과 같은 맥락이다.

정서적으로 불안정한 상황에 놓인 사람은 본인의 문제만으로도 힘이 부친다. 훗날 내 아이 역시 나와 비슷한 비극을 겪게 될지도 모른다는 걱정에 휩싸인다. 하지만 걱정을 사서 할 필요는 없다. 아이는 현실적이기 그지없는 존재이기 때문이다. 그들은 자기 삶이 뒤흔들리는 일이 없기를 바라고 내일의 아침 식탁이 여느 아침과 다름없이 평온하길 원하며, 원하지 않는 손님들이 마구 들이닥쳐 억지로 그들과 친구가 되어야 하는 상황이 없기를 바란다. 부모로서 고려해야 할 사항은 바로 이런 것들이다. 이 밖의 문제들은 점잖게 표현하자면, 아이의 문제가 아니라 부모의 문제일 뿐이다. 또한 언젠가 성인이 된 손님이 그 당시 호텔 내부에 무슨 일이 있었는지 관심을 가지고 물어보기 전까지, 부모의 문제는 부모의 문제로만 남아야 한다. 어쩌면 그런 질문을 받는 날은 영영 오지 않을지도 모른다.

6. 우리는 정말
최선을 다했을까?

$$\longrightarrow$$

모든 시도를 다 해 보았다는 확신은 관계를 건강하게 마무리 짓는 데 매우 중요하다. 가능한 모든 선택지를 거쳤다고 합리적으로 확신하는 순간 비로소 이별을 현실적으로 고려하기 시작한다. 따라서 이별의 후회를 피하는 가장 확실한 대비책은 노력이다.

노력이 필요한 여러 선택지 중 특히 더 괴롭고 힘들지만 그만큼 필수적인 것이 커플 상담이다. 혹자는 어떤 관계라도 파국을 확정하려면 적어도 9개월 이상은 커플 상담을 받아야 한다고 말한다.

관계에 도움이 되는 여러 방안 중 커플 상담은 정말 지지리도 낭만적이지 않게 들린다. 냉기 도는 상담실을 껄끄러운 당사자와 규칙적으로 방문해서는 훈련된 타인 앞에서 굳이 생각하고 싶지 않은 이야기를 꺼내야 한다니.

현대 사회는 사랑할 때 늘 자기 감정에 충실하고 확신을 가져야 한다고 가르친다. 하지만 커플 상담에서는 이러한 전제 자체가 문제라 본다. 우리의 감정은 오류투성이고 해결하지 못한 과거의 문제를 현재에 투영하는 일이 다반사이기 때문이다. 상담은 우리를 본능에서 한 걸음 물러서서 자신을 이해하고 객관적으로 돌아보게 한다. 그리고 이를 통해 더 유연하고 자신을 비난하지 않는 방향으로 나아갈 수 있도록 독려한다. 타인과 어울려 살아가는 건 인간에게 주어진 가장 험난한 과제다. 커플 상담은 이 문제를 직시한다. 관계가 적절한 도움 없이는 참으로 망가지기 쉽다고 전제하고, 관계 개선을 위하여 전문적인 훈련을 받는 걸 부끄러워하지 않아도 된다고 조언한다.

몇 개월에 걸쳐 상담을 받는 동안 우리는 다음과 같이 중요한 것들을 배우게 된다. 첫째, 조용한 방에서 언성을 높이거나 인상을 찌푸리고 문제를 회피하는 일 없이 우리 관계에서 느끼는 문제가 무엇인지를 정의하는 시간을 갖는다. 상담을 할 즈음의 커플은 이미 서로에 대한 악감정이 극에 달해 내가 무슨 생각을 하는지, 왜 화가 났고 어떤 점을 견디기가 힘든지 상대에게 차근차근 설명하기 불가능하다. 완전한 타인, 즉 새로운 관계를 형성해야 하는 상담가의 존재는 내담자 모두를 어느 정도 긴장하게 하고 같은 말도 상대적으로 덜 날카롭고 이성적으로 설명하게 만든다. "네가 스킨십을 거부하거나 내 손길을 마지못해 응할 때면 나는 점점 말라 죽어 가는 기분이야. 여전히 너를 사랑하지만, 내가 얼마나 더 버틸 수 있을지 모르겠어." 지난 몇 년 동안의 냉전을 시작하기 전에 이렇게 차근차근 설명할 수 있었다면 얼마나 좋았을까.

둘째, 상담가는 나를 힘들게 하는 것이 '왜' 나를 힘들게 하는지 파악하는 전문가다. 대개는 자신의 입장 뒤에 숨은 감정적인 의미를 발견하지 못한다. 그래서 외출을 하거나 집에 머무는 것이 어떤 의미인지 설명하기보다는 단순히 주말에 어디로 갈지를 두고 말다툼한다. 이러한 상황에서 상대는 나를 답답하고 무례한 사람으로 치부하기 쉽고, 내 입장에서는 흥미롭고 중요하고 집중해야 하는 점들이 쉽게 무시당하는 기분을 느낀다.

셋째, 상담가는 명확히 드러나지 않지만 반복되는 분노와 복수의 패턴을 파악하고 분석한다. 가령 아래와 같은 문장 완성 검사는 상담에서 흔히 쓰이는 기법의 하나로, 내담자들에게 문장의 빈 부분을 채우도록 요청한다.

당신이 _____ 하면,
나는 _____ 해서 _____ 한다.

예를 들어 "당신이 아이들을 무시하면, 나는 버려진 느낌이 들어서 당신이 저녁에 누구를 만나는지 추궁하고 못 나가게 한다" 또는 "당신이 잘 때조차 나랑 닿기 싫어하면, 나는 투명 인간이 된 기분이 들고 당신이 힘들게 일하는 것조차 삐딱하게 보인다"와 같은 식이다.

상담가는 정직한 중개인의 역할을 맡아 커플로부터 "당신이 _____하면, 나는 _____하겠다"라는 형태의 새로운 약속을 이끌어 낸다. 내가 진심으로 바라지만 표현하고 요구하는 방식에 늘 문제가 있었던 부분들이 조금씩 풀려 나가기 시작하면, 상대의 요구가 덜 부담스럽고 짜증스러워진다.

상담은 종종 지극히 당연한 사실을 일깨운다. 예를 들어 상대에게 화가 나는 점 세 가지와 고마운 점 세 가지를 말해 보는 것이다. 특히 전자는 구체적일수록 좋다. "냉정하고 감사할 줄 모른다"라고 비난하는 게 아니라 "늦게 올 때는 전화 한 통이라도 꼭 해 준다면 나는 _____하겠다"라고 말하는 것이다. 가족이 화목하게 지내는 데는 이 정도만으로도 충분하다.

상담은 사랑이라는 관계 속에서 사람이 어떻게 변하고 어떤 일이 일어나는지에 대해 내담자가 가진 부정적이고 회의적인 생각을 최대한 버릴 수 있게 돕는다. '나의 나약한 모습을 드러낸다고 다치거나 거부당하는 건 아니다'라거나 '내가 설명하려고 노력한다면 상대도 귀를 기울일 것이다'라는 식으로 말이다. 타인에게 이해받기 힘들다고 회의적인 방향으로 발전시켜 온 나의 예상 시나리오를 내던져도 괜찮다고 지지해 준다. 그렇게 점차 서로의 고통에 공감하는 여유를 되찾기 시작한다. 노련한 상담가는 이런 질문을 던질 것이다. "당신이 그런 행동을 했을 때 상대가 느끼는 감정을 들어 보니 기분이 어때요?" 즉 서로의 마음을 돌아보도록 주문하는 것이다. 이를 통해 우리는 그동안 생각지 못했던 중요한 사실을 깨닫는다. 바로 상대가 나의 적이 아니라는 점이다. 그 역시 나처럼 지극히 이해 가능하고 마음에서 우러나오는 관계를 바라는데, 다만 표현하는 방식에 문제가 있었을 뿐이다.

커플 상담은 어떻게 사랑할지 배우는 학교라 해도 무방하다. 보통은 어떻게 할지 모른 채 계속 회피하다 결국 서로를 미워하고 비난하는 것 외에는 할 수 있는 게 아무것도 없는 상태에 이른다. 따라서 관계를 개선하는 가장 낭만적인 해결책은 내가 아직 사랑하는 법을 잘 모르지만 적절한 도움을 받아 배우고 싶다는 걸 인정하는 것이다.

물론 이 모든 노력이 실패할지도 모른다. 기대한 만큼 대화가 잘 흘러가지 않을 수도 있다. 상담실의 차가운 형광

등 불빛 아래에서 내 애인이 얼마나 갱생 불가능한 인간
인지를 절절히 깨닫고 더 이상 노력을 기울일 필요가 없
다고 확신하게 될 수도 있다. 서로에 대한 이해의 폭을 넓
히는 대신, 우리가 얼마나 다른 사람이고 진정한 대화가
불가능한지를 깨달을지도 모른다. 커플 상담의 결과가 관
계 개선이 아니라 관계의 종지부일 수도 있다는 뜻이다.

하지만 그것이 상담에 문제가 있다는 뜻은 아니다. 실패
로 끝난 상담은 적어도 이 관계를 왜 끝내야만 하는지 명
확한 근거를 제시한다. 관계가 회생 불가능하다는 사실
을 깔끔하게 받아들임으로써 슬픔이나 비참함을 덜 느
끼도록 돕는다. 즉, 사랑을 지키는 데는 실패했을지 몰라
도 사랑만큼이나 중요한 무언가를 지키는 데는 성공한
것이다.

7. 헤어지고 나면
외로워질까?

⟶

불만족스러운 지금의 관계를 정리할지 말지 고민하다 보면 '헤어지고 나서 외로우면 어떡하지?'라는 걱정이 든다.

누구나 하는 고민이지만 다른 사람에게 터놓고 이야기하기에는 왠지 부끄럽게 느껴진다. 이런 고민은 흔히 수준이 낮다고 받아들여지기 때문이다. 몇 번의 주말조차도 혼자 지내지 못한다니 겁쟁이나 바람둥이에게나 해당되는 일 아닌가. 물론 혼자 보내는 주말이 수십 년간 이어질지도 모르지만 그런 불안감은 아무도 알아주지 않는다. 이혼 후 시골로 훌쩍 떠나 혼자 살거나 소형 보트에 몸을 싣고 세계 일주를 감행하는 등 고독을 찬양하는 책에 대해 들어 봤을 것이다. 하지만 혼자 잘 산다는 게 누구나 손쉽게 해낼 만한 일은 절대 아니다. 대부분의 사람은 며칠씩 집구석에 틀어박혀 폐인처럼 지낸다. 혼자 훌쩍 떠나는 여행이 겉으로는 번지르르해 보일지 몰라도 속사정을 알고 보면 심리적으로 극한까지 몰린 상태에서 그야말로 궁여지책인 경우가 많다. 망망대해 한가운데에 있는 암초 위에 뚝 떨어진 것 같은 외로움을 의연히 견뎌 낼 수 있는 사람은 거의 없다.

위험을 무시하지 않으면서 두려움을 줄이고 이별할지 말지 좀 더 명료하게 판단할 수 있는 방법이 있다. 먼저 간단한 관찰부터 시작해 보자. 대부분의 사람은 월요일 밤보다는 토요일 밤에 혼자 보내는 걸 더 초라하게 느끼고, 연말정산 마지막 날 저녁을 혼자 보내는 것보다는 명절이나 연휴 마지막 날 저녁을 혼자 보내는 걸 더 우울해한다. 현실의 물리적 시간과 나의 심리적 시간 감각은 매우 다르게 작동한다는 말이다. 그리 대단할 것 없는 사실 같지만 바로 이 점이 외로움이라는 문제를 해결하는 열쇠다.

월요일 밤과 토요일 밤의 차이는 '혼자 있다'는 게 각기 어떤 의미로 다가오는지 비교함으로써 설명할 수 있다. 월요일 저녁에는 회사 업무를 시작한 것만으로도 다들 진이 빠져 있다. 현대 사회의 규범을 충실히 따르며 한 주를 바쁘게 시작하는 번듯한 직장인이라면 누구나 비슷한 월요일 하루를 보낸다. 퇴근 후 저녁을 간단히 때우고, 낮 동안 밀린 SNS 게시물을 확인하며, 이메일을 보내고, 온라인으로 장을 본다. 딱히 평소와 다르거나 불행하다는 생각은 들지 않는다. 다음 날, 직장 동료가 어제저녁에 뭘 했냐고 물어보면, 별일 없이 보냈다고 주눅 들지 않고 솔직히 말할 수 있다. 월요일 밤인데 뭐 특별할 게 있나. 하지만 토요일 저녁은 다르다. 토요일은 심리적 위험 지대에 자리하고 있다. 하루 종일 휴대폰을 들여다보며 혹시 친구들이 갑작스럽게 약속을 잡지나 않을까 기다린다. 조용한 휴대폰을 붙들고 있노라면 마음이 초조하고 불안해진다. 결국 혼자 참치 캔을 따서 청승맞게 저녁을 때운다. 여덟 시 반에는 천천히 샤워를 하며 불안감을 흘려보내려 안간힘을 쓰고, 열 시가 조금 지나 불을 끈다. 마침 흥이 거나하게 오른 취객이 한 곡조 뽑으며 집 앞을 지나가는데, 그 소리가 꼭 나를 놀리는 것만 같다. 월요일 아침, 우울한 기분을 애써 떨쳐 내기 위해 정신없이 일에 몰두한다.

혼자 보내는 시간은 얼마나 '정상적'으로 느껴지느냐에 따라 별것 아니기도 하고, 견디기 힘든 일이 되기도 한다. 똑같이 혼자 있지만 때로는 눈코 뜰 새 없이 바쁘게 지낸 알찬 삶에 대한 보상일 수 있으며, 때로는 지질하고 못나고 인기 없는 사람이라는 방증이 되기도 한다.

간단하지는 않지만 그래도 꽤나 희망적인 지점이 있다. 바로 혼자 시간을 보내는 것이 어떤 의미인지 잘 이해한다면 타인과 내 상황을 비교하지 않고 더 단단하고 즐겁게 살 수 있다는 사실이다. 어린 시절 혼자서도 충분히 편안하고 만족스럽게 잘 놀았던 것처럼 연휴 내내 지낼 수 있고, 타인의 시선에 연연하지 않는다면 주말 동안 밀린 프로젝트를 처리하며 정신없이 보내도 불행하거나 슬프지 않을 수 있다. 결국 필요한 것은 새로운 사람(공황 상태에서는 찾기 어려울 수 있는 것)이 아니다. 그저 새로운 마음가짐이 필요할 뿐이다. 이런 관점의 전환은 타인과 상관없이 오직 자기 의지에 달려 있다.

혼자라는 의미를 새로 정립하기 위해 다음의 명제들을 한번 되짚어 보자.

(1) 나의 고독은 의지의 산물이다

머릿속으로 불쑥불쑥 치고 들어오는 심술궂은 내면의 목소리가 뭐라 하던 간에 혼자 지낼지 말지를 결정하는 건 온전히 내 의지에 달려 있다. 혼자서 잘 지내다가 마음만 먹는다면 얼마든지 새로운 사람을 만날 수 있다. 나의 고독은 내가 선택한 것이지 누군가의 강요에 의한 게 아니다. 상대에게 별 문제를 느끼지 않는다면 굳이 관계를 청산할 필요가 없으나, 문제는 지금 관계에 고민이 있다는 것이다.

물론 관점을 전환하는 건 어려운 일이다. 하지만 잊지 말자. 좋지 못한 사람과 함께하는 시간은 혼자일 때보다 훨씬 외롭다. 내가 중요시하는 가치를 함께 나누지 못하고, 늘 내 마음을 감추고 가면을 써야 할 뿐만 아니라 지독한 소외감을 느껴 가장 가까운 사람에게서 이해받지 못한

다는 비참함을 느낄 바에야 혼자인 게 훨씬 낫다. 나를
돌아보며 자신과 진솔한 대화를 나눌 수 있기 때문이다.
혼자라는 건 세상으로부터 거부당했다는 뜻이 아니다.
오히려 삶의 다양한 선택지를 찬찬히 고려한 끝에 나를
배척하는 존재들을 직접 거부한 결과에 가깝다.

(2) 겉모습에 현혹되지 말자

한 걸음 물러서서 세상 사람들을 지켜보고 있노라면 나
만 빼고 모두 행복해 보인다. 특히 내 기분이 바닥을 찍을
때면 나를 찾는 모임 하나 없다는 사실에 잔뜩 기가 죽
어 다른 사람들과 내 상황을 더 비교하게 된다. 레스토랑
을 지나칠 때면 의자에 몸을 파묻고 박장대소하는 사람
들이 한가득이다. 손을 꼭 마주 잡은 커플, 해외여행 떠
날 짐을 싸느라 분주한 가족. 얼마나 설레고 즐거울까.

하지만 명심하자. 우리는 우울할 때 상황을 과장해서 인
식하는 경향이 있다. 분위기 좋아 보이는 레스토랑 안에
도 분명 소외감을 느끼는 사람이 있을 테고, 겉으로는 평

범해 보여도 한창 냉전 중인 커플도 있다. 여행 내내 지지고 볶다 돌아오는 가족은 또 얼마나 많은가. 우리는 주변 사람들을 보며 깊은 친밀감과 애정, 서로에 대한 이해와 온기를 상상하곤 한다. 그리고 나 빼고 '모든 사람'이 소위 진정한 사랑을 하고 있노라 확신한다. 하지만 절대 그렇지 않다. 함께 있지만 더없이 외로움을 느끼기도 하고, 사람들에 둘러싸여 수다를 떨고 있지만 정작 내 말에 귀 기울이는 사람은 아무도 없다는 소외감을 느끼기도 한다.

소외감과 우울함은 비단 나만 느끼는 감정이 아니다. 인간이 살면서 필연적으로 겪는 지극히 기본적인 감정이다. 인간이라면 누구나 어두운 감정의 그늘을 지니고 살아간다. 참을 수 없는 외로움을 혼자서 감내하고 있지만, 애인이 있다고 외로움을 느끼지 않는 것은 아니다. 애인이라는 존재가 우리를 외로움이라는 감정에서 완전히 해방시켜 주지는 못하기 때문이다. 부디 염세주의와 자기 연민, 우울함에 빠져 스스로를 갉아먹지 말자. 감정의 파고를 헤쳐 나가는 건 누구에게나 힘든 일이다. 인간 본성이 그렇지 않으니 말이다. 김 서린 레스토랑 창 안을 들여다보며 감상에 빠지지 말고, 누구나 힘들고 고단하게 살아간다는 사실을 명심하자.

(3) 통계를 왜곡하지 말자

참 이상하게도 사람들은 본인이 저지른 실수를 곱씹을 때면 다들 오류투성이 통계학자로 돌변한다. 이 사실을 잊지 않도록 냉장고 문에다가 크게 써 붙여 놓자. 우리는 흔히 나를 제외한 '모두가' 행복한 연애를 하고 있다고 믿는다. 이런 통계 수치를 들이댈 때 우리가 저지르는 심리적 오류가 무엇인지 정확히 짚고 넘어갈 필요가 있다.

우리는 수치가 아닌 자기혐오에 기반해 내가 얼마나 '정상적으로' 살아가고 있는지를 판단하려 든다. 정말 제대로 조사하려면 날개가 생겨 저 하늘 위에서 도시를 내려다보며 이 창가 저 창가를 기웃거리고, 공원을 노니는 가족들과 데이트 중인 커플들을 지켜볼 수 있어야 하지 않을까? 물론 그렇게 찬찬히 들여다보면 완전히 새로운 사실을 깨닫게 될 것이다. 바로 나와 비슷한 사람이 수백만

명이라는 사실이다. 편지를 움켜잡고 통곡하는 사람, 너 죽고 나 죽자며 핏대를 세우는 사람, 애인과 말이 안 통한다며 한탄하는 사람, 말다툼 끝에 혼자 화장실에 처박혀 훌쩍거리는 사람이 수두룩하다. 슬픔을 견디는 것만으로도 벅찬데 거기에 비참함까지 더하지는 말자. 왜곡된 통계까지 들이밀며 내 상황이 비정상적이라고 한탄해서는 안 된다.

(4) 한 점 부끄러울 게 없다

우리는 혼자인 모습을 처량하게 상상하는 경향이 있다. 긍정적인 독신 롤 모델이 많아져야 하는 이유다. 혼자 사는 사람들 중 상상하는 것처럼 볼품없고 비참하게 사는 사람은 사실 손에 꼽는다. 역사 속 위인들만 보아도 어떤 숭고한 목적을 위해 혼자 사는 삶을 택한 경우가 많다. 정신 승리를 하자는 게 아니라 '자발적 고독'과 '비자발적 고독'의 차이를 확실하게 인지해야 한다는 뜻이다. 세상을 뒤바꿀 저서를 펴내기 위해 20년이 넘는 세월 동안 두문불출한 세계적인 과학자, 백 년에 한 번 날까 말까 한

수려한 외모를 지니고도 누군가에게 구속되느니 혼자 평온하게 살며 피아노를 연주하는 음악가, 한때 한 국가의 수장이었으나 이제는 책을 통해 타인과 소통하는 삶을 지향하는 정치인, 이외에 한 번 만나는 것이 가문의 영광으로 생각될 만한 걸출한 인물들까지. 홀로 남겨진 게 아니라 홀로 살기를 택한 사람은 무수히 많다.

(5) 지난날을 이해하자

홀로 지내는 것을 부끄럽게 여기는 태도는 주로 나에게 상처를 준 과거의 경험에서 비롯된다. 특히 내가 생각하는 가장 못났던 어린 시절의 모습을 지금 내 모습에 투영한 결과다. 사람이라면 누구나 타인으로부터 상처받고 버려진 기억이 있다. 살면서 비슷한 상황이 반복될 때마다 그 기억은 또다시 떠오르며 내가 쓸모없는 존재라는 사실을 확인시켜 준다. 즉, 홀로 남아 외로워지는 게 문제가 아니라 내가 자신을 충분히 사랑하지 않는 게 문제의 핵심이다. 상처를 극복하기 위해서는 한없는 공감과 이해를 통한 치유가 필요하다. 모든 연애가 치유의 보증 수

표는 아니라는 뜻이다. 서로를 깊이 사랑하지 않고 존중하는 마음도 없는 관계가 어떻게 누군가를 치유할 수 있을까.

자신을 사랑하면 할수록 자신과 우정을 쌓는 일은 즐거워진다. 더 이상 타인이 나를 비웃을까 전전긍긍하지도, 어떤 모임에 참석해도 될지 고민하지도 않는다. 그런 것과 상관없이 나는 나라는 존재 자체로 충분히 빛난다는 사실을 알기 때문이다. 이러한 과정을 통해 외로움이라는 두려움을 극복해 낸다면 만남과 헤어짐의 문제에서도 온전히 나를 위한 결정을 내릴 수 있게 될 것이다.

8. 지난 연애의 실패를
반복하게 될까?

→

헤어질지 말지 고민할 때면 '실은 나한테도 잘못이 있는 게 아닐까?'라는 낯설고 불편한 생각이 불쑥 치고 들어올 때가 있다. 사람들은 연인 관계에서 내가 아니라 상대가 결정적인 잘못을 저질렀다고 생각한다. 그렇게라도 해야 덜 억울하기 때문이다. 하지만 마음 한구석에 남아 있는 양심이 나를 콕콕 찌르며 잘잘못을 그렇게 칼같이 나눌 수 있냐고 되묻는다. 혹시 나한테 문제가 있어서 관계가 어그러진 건 아닐까? 내가 심리적으로나 정신적으로 문제가 있는 인간은 아닐까? 이렇게 관계를 망치고도 정신을 못 차리는 바람에 다음 사랑이 찾아왔을 때 똑같은 문제를 반복하면 어떻게 할까?

단언컨대 이러한 걱정은 굉장히 건설적이니 크게 걱정하지 않아도 된다. 오히려 다른 사람과 함께 있을 때 내가 문제적 인간이 될 수 있다는 사실을 깨닫고 인정하기 전에 섣불리 이별과 만남을 반복하는 게 더 해롭다.

연인 관계에서 이별 자체는 비극이 아니다. 이별을 하고도 아무것도 깨우치지 못하는 상황이 진짜 비극이다. 좀 더 발전한 미래를 상상해 보자. 그때는 연인, 특히 부부가 헤어질 때 양측 모두 관계가 왜 파국에 이르렀는지 깊이 성찰하고 이해한다는 점이 분명히 소명되면 이혼 절차가 훨씬 간단해져 비용이 적게 들고, 각종 서류 절차도 효율적으로 간소화될 것이다. 이런 변화의 중심에는 두 사람이 함께할 때 발생하는 문제와 그런 문제를 야기하는 원인을 이별 당사자들이 정확하게 이해하는 것이 중요하다는 생각이 자리할 것이다. 예를 들어 시험을 쳐서 통과한 사람들에게만 이별할 자격을 부여한다고 상상해 보자. 앞으로 다른 사람을 만나고 또 결혼할 가능성이 높은 두 사람이 각각 '연인'으로서 본인은 어떤 점이 부족하고 또 까다로운지 확실하게 인지하면 이는 사회적으로도 큰 이익이 아닐까? 그렇다면 이별 시험은 징벌적 제도가 아니라 공익을 위한 기본 제도라고 해야 할지도 모른다.

관계의 근본적인 진실은 우리가 성인으로서 애정을 나
누는 방식이 과거의 경험을 통해 형성되어 왔다는 것이
다. 교제를 시작할 때, 상대를 다루거나 상대의 의도를 파
악하는 방식은 어린 시절 양육자와 형성했던 애착 경험
에 기반한다. 즉 어린 시절의 정서적 역학 관계를 이해하
지 않고서는 개인의 연애사를 완전히 이해할 수 없다. 물
론 지난 일들을 스스로 얼마나 의식하고 있는지 정도의
차이는 있겠으나, 우리는 모두 부모 혹은 양육자와의 관
계에서 형성한 애착과 행동 패턴을 성인이 된 현재의 연
인 관계에서 재생산한다는 사실을 명심해야 한다.

연애가 어렵게 느껴진다면 아마도 어린 시절에 안정적인
애착 경험을 쌓지 못했을 가능성이 크다. 애정이나 친절
을 받은 적이 없다는 게 아니라, 문제적이고 고통스러운
감정으로 포장되어 있을 가능성이 크다는 뜻이다. 내가
사랑을 받기에는 늘 모자란 존재라는 걱정, 사랑받기 위
해서는 자신의 어떤 면을 숨겨야 한다는 강박, 버려지거
나 분노의 대상이 될지 모른다는 두려움 등이 여기에 해

당된다. 상대에게 호감을 느끼는 일은 그 사람이 얼마나 좋고 친절한지가 아니라 그 사람의 행동이 얼마나 익숙하게 느껴지냐에 크게 영향받는다. 연인 관계에서 서로를 향한 애정과 따뜻함을 새로이 경험하지만 동시에 기대에 미치지 못하는 것 같다는 불만이나 둘 사이에 벽이 있다는 기분 혹은 내가 무시당한다는 느낌을 받기도 한다. 그 느낌은 그리 유쾌하지 않음에도 불구하고 왠지 당연하게 여겨진다. 이런 맥락에서 누가 봐도 건실한 사람을 만나기보다 자꾸만 소위 '나쁜 사람'을 선택하는 건 좋은 사람을 알아보는 눈이 없어서가 아니다. 부정적인 감정과 방식으로 사랑을 확인했던 과거의 패턴이 지금의 연애 관계에도 영향을 미치는 탓이다.

심지어 이보다 더 비극적인 경우도 있다. 나쁜 사람에게 끌리는 데 그치지 않고, 정말 괜찮은 사람을 만나면서도 늘 나쁜 사람만 골라서 만난다며 현실을 왜곡하는 사람들이 있다. 어린 시절 나에게 좌절감을 주었던 존재의 모습을 애인에게 투영하고 상대를 끊임없이 시험한다. 전혀 사실이 아님에도 불구하고 나에게 냉담했던 아빠의 모습 혹은 나에게 막말을 쏟아 내던 엄마의 모습을 애인에게서 끈질기게 찾아내고, 마음속 방어 기제를 작동시키거나 의심과 불신의 눈초리를 보내는 것이다. 상대방 입장에서는 그야말로 억울하고 부당한 일이 아닐 수 없고, 성인군자가 아닌 이상 결국 인내심이 바닥날 수밖에 없다.

앞서 언급한 이별 시험 제도는 이런 불행한 패턴을 이해하고 끊어 낼 기회를 제공할 것이다. 예상 질문은 다음과 같다.

(1) 당신이 호감을 느끼는 성별을 가진 부모와의 관계에서 불만족스럽거나 고통스러웠던 점은 무엇인가?

(2) (1)번 문항에 답한 사항이 당신의 연애에 어떠한 불편을 초래하는가? 반복되는 점은 무엇이 있는가?

(3) 어린 시절 양육자와의 관계에서 단점뿐만 아니라 장점까지 부정해야 했던 적이 있다면, 이로부터 벗어나기 위해 어떤 노력을 기울였는가? 혹시 너무 똑똑하거나 시간관념이 정확한 사람, 사회적으로 성공한 사

람, 또는 성격이 순한 사람은 내가 벗어나려는 어린 시절의 기억을 상기시키기 때문에 의도적으로 이와 반대되는 사람을 선택하지는 않았나?

(4) 애인이 당신에게 어떤 끔찍하고 고통스러운 일을 저지를 수 있다고 생각하는가? 상대가 나에게 상처를 줄 것이라는 두려움을 느낄 때 당신은 어떤 반응을 보였는가? 그 두려움은 정당하다고 생각하는가?

(5) 어린 시절 배운 대화법에는 어떤 것이 있는가? 상처와 슬픔 혹은 내가 감정적으로 취약한 부분을 타인과 공유하는 데 능숙하다고 생각하는가?

(6) 다음 문장을 완성해 보자.
- 상처받았을 때 나는 _____하는 경향이 있다.
- 나에게 어떤 문제가 있는지 명확하고 차분하게 이해하는 대신 나는 _____한다.
- 나는 _____ 문제에 대해 결론으로 건너뛰는 경향이 있다.

(7) 과거 연애에서 겪었던 나쁜 경험을 이번 연애에서 반복하리라 예감하도록 만드는 징후는 무엇일까? 이별을 결심하는 계기는 무엇인가? 다음 연애 상대에게서 당신이 바라는 조건과 꼭 피하고 싶은 조건은 무엇인가?

(8) 좋아하는 유형 자체를 바꿀 필요는 없지만 그러한 유형의 사람을 대하는 방식은 얼마든지 바꿀 수 있다. 이상형에 가까운 사람을 대하는 방식은 어린 시절 형성된 시나리오에 기반하고 있기 때문에 매우 미성숙할 수 있다. 투정 부리고 뚱하게 입을 다물거나 방어적으로 굴다가 걷잡을 수 없이 화를 내기도 한다. 하지만 지나친 자책을 멈추거나 분노를 회피하지 않는 등 더 성숙한 방식으로 개선할 수 있다. 현재 혹은 미래의 연인 관계에서 내가 끌리는 사람이 지닌 성향이나 행동 패턴에 어떻게 하면 좀 더 성숙하고 어른스러운 방식으로 반응할 수 있을까?

(9) 새로운 유형의 사람을 만난다면 당신은 어떤 점을 고려할 것인가? 그 사람이 이전에 만나 왔던 유형과 다

르다는 사실을 어떻게 확신할 수 있는가?

⑽ 관계에 문제가 있다는 사실을 알면서도 헤어지지 못하고 질질 끈 적이 있을 것이다. 그렇게 우유부단했던 이유는 무엇일까? 또 다음 연애에서는 더 주도적이고 결단력 있게 행동하기 위해 자신에게 해 주고 싶은 말은 무엇인가?

연애는 언제든지 끝날 수 있다. 마음이야 다소 쓰리겠지만 이별했다는 건 여러 부분에서 서툴고 실패가 있었다는 뜻이다. 하지만 이별의 잿더미 위에서 충분한 자아 성찰을 할 수만 있다면 현재의 이별은 두 사람의 앞길에 독이 아니라 약이 될 것이다. 다음 연애를 더 잘할 수 있도록 돕는 교훈 한두 개만 깨우쳐도 이별하며 겪은 상처와 아픔, 고통은 충분히 보상될 것이다.

9. 문제를 현실적으로
대처할 수 없을까?

$\longrightarrow$

현대 사회는 연인 관계에서 평등한 역할 분담을 중요시한다. 두 사람 모두 직장 생활과 가사 노동을 잘 해내야하며, 어느 한쪽에 떠넘기지 않아야 한다. 주방 세제를사거나 하루 종일 사무실에 틀어박혀 일하는 것이 한 사람만의 몫이라고 여겨서는 안 된다.

물론 머리로는 이렇게 생각하지만 현실은 그렇지 않은경우가 허다하다. 한쪽은 경제생활을 거의 하지 않고, 다른 한쪽은 다림질이나 병원 예약 같은 잡다한 집안일을모두 나 몰라라 하는 식이다.

평상시에는 이 문제가 크게 드러나지 않는다. 하지만 관계가 삐걱대고 서로에 대한 믿음과 애정이 무너지기 시작하면 그 무엇보다도 심각해진다. 서로에게 구속되는 느낌이 들고 똑같은 갈등이 지리멸렬하게 되풀이된다고 여기는 순간이 오면 불평등한 역할 분담은 그 무엇보다도 빠르게 관계를 악화시킨다. 좀 불편하고 껄끄럽게 들리겠지만, 솔직히 말해 우리가 관계를 끝내지 못하고 질질 끄는 이유는 이미 식어 버린 내 마음을 몰라서도, 소통 방식이 나아질 거라는 희망을 가져서도 아니다. 연말정산을 어떻게 하는지, 배관이 터지면 어디에 연락해야 하는지, 차가 고장 나면 어떻게 해결해야 하는지 아는 게 하나도 없다는 불안 때문에 관계를 끌게 된다. 상대를 사랑해서가 아니라 혼자 있으면 세탁기를 제대로 사용할 줄 몰라서 이별하지 못하는 것이다.

이렇듯 관계에 문제가 생기면 연인 중 한쪽이 극심한 무력감을 느끼는 경우가 많다. 다만 무력감을 느끼게 만드는 사람만 문제가 있다고 생각해서는 안 된다. 책임은 두 사람 모두에게 있음을 명심하자. 또한 여기서도 어린 시절의 경험이 역학 관계의 대부분을 설명한다.

유년기 아동에게는 두 종류의 애정이 필요하다. 실질적 사랑practical love과 정서적 사랑emotional love이 그것이다. 아이에게는 옷을 갈아입혀 주고, 신발 끈을 묶어 주고, 밥을 먹이고, 숙제를 도와주고, 머리를 빗어 줄 손길이 필요하다. 하지만 그에 못지않게 안아 주고, 쓰다듬어 주고, 이야기를 들어 주고, 부대끼며 놀아 주는 것 역시 중요하다.

안타깝게도 실질적 사랑과 정서적 사랑이 적절한 균형을 이루기란 매우 어렵다. 어떤 부모는 실질적 사랑을 베푸는 것에는 뛰어나지만 정서적 사랑을 베푸는 데에는 서툴다. 아이를 깊이 사랑하지만 자신의 마음을 정서적으로 표현하고 소통하는 게 익숙하지 않기 때문이다. 이러한 성격 때문에 아이에게 항상 깨끗한 신발을 신기고, 충치가 생기지 않도록 철저하게 관리하는 정도로 자신의 역할을 제한할 수도 있다. 좀 더 극단적인 경우 본인의 존재 이유와 가치를 상기시키기 위해 아이를 지나치게 의존적으로 키우기도 한다. 부모의 한계를 감지하면 아이는 무의식적으로 부모가 더 편한 방식으로 자신과 관계 맺을 수 있도록 발을 맞춘다. 사랑하는 어른이 '제 역할'

을 수행하도록 의도적으로 더 나약하고 의존적으로 행동하는 것이다. 집에만 오면 아기처럼 군다거나 교과서를 어디 뒀는지 잊어버려 늘 헤매고(부모는 아이가 잃어버린 교과서를 찾아내는 데 귀신이다), 부모가 만들어 준 음식이 최고라며 좋아하면서 본인 손으로는 달걀프라이 하나 만들 줄 모르게 된다. 또한 수시로 이곳저곳이 아프다고 징징대며 약이나 간식을 챙겨 주길 바라기도 한다. 부모의 손길을 거부하는 게 부모에게 큰 상처일 뿐만 아니라 그들의 존재 이유를 상실케 만들 만큼 중대한 문제란 사실을 아이가 본능적으로 감지한 결과다. 이런 의존적인 관계는 잘 굴러가는 것처럼 보이지만, 실상은 매우 건강하지 못한 결과를 초래한다.

가장 큰 문제는 바로 성인이 된 후에도 비정상적인 관계 패턴이 반복된다는 점이다. 어릴 때와 마찬가지로 연인 관계에서조차 있는 그대로 감정을 드러내고 표현하는 정서적 사랑을 회피하며, 실질적인 필요를 충족시켜 주는 사람을 만날 확률이 높다. 상대의 의사를 물어보지도 않고 옷을 마구 선물하고, 집안일을 제 방식대로 해치워 버리고, 또 공동 경제의 주도권을 쥐고 부엌살림 하나하나까지 본인이 감독해야 성미가 차는 그런 사람 말이다. 성장 과정에서 '실질적인 도움'을 주는 것이 곧 '사랑'이라고 배우면, 모든 것을 통제하는 사람을 유능하다고 여기며 이러한 관계를 기꺼이 묵인한다. 그렇게 점점 무능해지고 상대방에게 의존하며, 본인은 세탁기 하나 돌릴 줄 모른다거나 돈 한 푼 제 손으로 벌 능력이 없다고 믿어 버린다.

이러한 관계를 자세히 살펴보면 양측 모두 중요한 문제를 간과하고 있다. 도움을 주는 쪽은 본인이 양말 정리를 기가 막히게 하고 맛있는 점심을 사 줄 능력이 있어서 사랑받는 게 아니라 존재 자체만으로 존중받거나 사랑받을 수 있다는 사실을 알아야 한다. 반면 도움에 의존하는 쪽은 사랑의 본질이 상대로부터 돌봄을 받는 것이 아니라 서로가 동등한 존재로서 감정적이고 성애적인 유대감을 느끼는 데 기반한다는 것을 깨달아야 한다.

답이 없는 관계를 청산하고 반복되는 악순환을 끊어 내기 위해서는 우선 실질적 사랑과 정서적 사랑을 경험하며 쌓아 온 생각을 명확히 정리하고 두 사랑 간의 관계를 재정립해야 한다. 피상적이고 물질적인 관계에만 의존하기보다는 심리적으로 성숙한 연인 관계가 선사하는 즐거움과 역경, 예상치 못한 도전을 기꺼이 받아들이는 용기가 필요하다. 나약한 어린이에 머물지 말고, 혼자서도 분리수거와 병원 예약을 문제없이 할 수 있다는 자신감을 가져야 한다.

애인과 헤어질지 말지는 전적으로 본인의 선택이다. 하지만 손 많이 가는 어린아이와 지극히 실질적인 문제 해결에만 몰두하는 딱딱한 어른이라는 잘못된 구도를 벗어나기 전에는 이 문제에 명확한 답을 내리기 힘들다. 돈은 어떻게 벌까, 오븐은 어떻게 청소하나 따위의 사소한 문제들을 혼자 해결할 수 있어야 좀 더 제대로 된 선택을 내릴 주도권이 생기는 것이다. 그리고 그제서야 나와 상대가 동등한 존재로서 서로를 필요로 하는지, 서로의 앞에서는 나약한 모습도 기꺼이 내보일 수 있는지와 같은 본질적 문제를 생각해 볼 수 있을 것이다.

10. 관계를 정말
거부하는 쪽은 누구일까?

———————————————→

흔히 이별을 앞둔 연인이면 어느 쪽이 헤어지고 싶어 하고 어느 쪽이 헤어지기를 원치 않는지 그 구도가 명확하게 드러날 거라고 생각한다. "우리 시간을 좀 갖자"고 둘러말하는 쪽, 대놓고 헤어지자 요구하는 쪽, 집을 구해서 제 발로 나가는 쪽 혹은 새로운 사람을 찾아 나서는 쪽이 이별을 원하는 건 분명하다. 반면 헤어지지 말자 매달리는 쪽, 한 번만 더 노력해 보자는 쪽, 사랑이 어떻게 변하냐며 절규하는 쪽의 사랑은 여전히 현재 진행형인 것처럼 보인다.

하지만 이러한 이분법적 도식을 통해 이별을 이해하는

건 매우 단순하고 순진하다 못해 잔인하다. 현실에서는 이별을 고하는 쪽이 꼭 상대를 버린다고 할 수 없고, 헤어지지 않겠다고 버티는 쪽이 항상 버려지는 것도 아니다. 이별 요구는 미움의 결과가 아니고, 이별 거부는 사랑의 증거가 아니라는 말이다. 정말로 관계를 '떠나는' 쪽은 바로 더 이상 애정을 베풀지 않는 사람이다. 달리 말해 상대와 자신이 그 누구보다 가까운 사이라고 믿는 쪽이 여전히 두 사람의 관계 속에 '머무르는' 사람이다. 상대에 대한 애정과 별개로 본인이 가진 연인 관계에 대한 신념이 끊임없이 시험당하고 상처받는 것에 지쳐 이별을 고하는 경우가 생긴다.

떠나는 자와 남고자 하는 자의 구분 너머에 보다 근본적인 요소인 사랑과 무관심의 차이를 이해해야 한다. 우리는 흔히 이별이 곧 무관심이며 머무름은 사랑과 직결된다고 생각한다. 하지만 연애에 묘하게 무관심하고 내내 수동적이며 공격적인 태도를 취하면서도 헤어지고 싶은 건 아니라고 표현하는 사람이 너무나 많다. 상대로서는 매우 당황스러울 수밖에 없다. 반복되는 일상 속에서 그들이 취하는 태도는 그들이 하는 말과 너무나 다르기 때

문이다. 늘 거리를 두며 스킨십을 거부하고, 상대를 투명
인간 취급하는 게 훤히 보인다.

반복되는 이중 메시지는 상대로 하여금 극심한 혼란과
좌절을 느끼게 한다. 말로는 관계를 지속하고 싶다지만
실제 드러나는 태도는 정반대이기 때문이다. 왜 오늘은
잠자리를 가지기 힘들고, 손을 잡을 만한 상황이 아닌지
항상 그럴싸한 핑계를 댄다. 이에 불만을 토로하면 역으
로 화를 내거나 면박을 주고, 다음에 하자고 미루기 일쑤
다. 그 말을 듣는 상대는 늘 거부당하는 느낌을 받고, 정
당한 이유로 섭섭함을 느끼는데도 불구하고 되레 이상
한 사람 취급을 받는다.

말과 행동의 괴리 속에서 본인의 감정을 내내 무시당한
쪽은 결국 너무 지친 나머지 이별을 입에 담는다. 정말로
헤어지고 싶어서라기보다는, 내가 원하는 것을 영원히
충족할 수 없다는 결론에 도달했기 때문이다. 사랑하지
않아서 떠나는 게 아니라 내 사랑이 영원히 응답받지 못
함을 알기에 떠나는 것이다.

이런 경우 이별을 고한 쪽은 사랑하는 사람에게 거부당했다는 슬픔뿐만 아니라 티 날 듯 말 듯 싸늘하긴 하지만 겉으로는 더없이 충실했던 사람을 버렸다는 죄책감까지 짊어지게 된다. 만약 당신이 이런 상황에 처해 있다면 끊임없이 치솟는 자기혐오로부터 자신을 지켜야 한다. 자책하지 말고 관계가 어떻게 이 상황에 다다르게 되었는지 되새겨 보자. "너한테 정떨어져서 헤어지는 게 아니야. 널 너무 사랑해서 모든 노력을 다 기울였지만, 결국 내 사랑이 영원히 응답받지 못할 것을 알게 되어서 헤어지는 거야."

물론 머리로 안다고 아픔이 사라지지는 않는다. 하지만 감정을 갈무리하고 불필요한 마음의 짐을 줄이는 데는 분명 도움이 될 것이다. 비록 먼저 이별을 고하고 떠나는 사람이 되었지만 당신은 동정과 공감을 받을 자격이 충분하다. 상대방에게 잔인하게 그리고 남모르게 끊임없이 거부당해 왔으니까.

11. 왜 항상
이러지도 저러지도 못할까?

———————————————→

이 장은 항상 이러지도 저러지도 못한 채 고민만 한다고
자책하는 사람들을 위한 것이다. 헤어지고 싶지 않은 마
음이 간절하다가도 헤어지고 싶은 마음이 불쑥불쑥 솟
구치는데 이 딜레마를 도무지 해결할 길이 없다. '그래도
이 정도면 괜찮아. 조금씩 나아질 거야.' 이렇게 자신을
달래다가도 똑같은 갈등이 되풀이되면 '아, 내가 내 발목
을 잡고 있구나' 하고 깨닫는다. 극렬한 수치심과 불안증,
히스테리에 갉아먹히다 보면 부모님, 정부, 전쟁, 역병 혹
은 하느님이라도 좋으니 다른 누군가 혹은 무언가가 내
문제를 뚝딱 해결해 주기를 갈망하게 된다. 어린아이처
럼 무언가에 기대어 희망을 품는 것이다.

찬물을 끼얹어 미안하지만 정신을 똑바로 차리자. 그리고 어른답게 행동하자. 자기 힘으로 주변 상황을 바꾸어 나가는 것, 그것이 바로 성인으로서 스스로 해내야 하는 일이다. 다음 내용이 당신에게 용기를 북돋아 줄 것이다.

먼저 우리가 어려움을 겪는 이유는 우리가 못나고, 못되고, 어리석고 운이 나빠서가 아니라 조금 힘든 어린 시절을 겪었기 때문일지도 모른다. 다소 뜬금없이 들릴지도 모르지만, 구조적으로 명확한 문제라도 실제 상황에서 감지하는 것은 매우 어렵다. 누구나 힘든 연애 혹은 결혼 생활을 겪을 수 있다. 하지만 그런 관계에 유난히 압도되는 사람이 있다. 힘들지만 꼭 필요한 대화를 통해 돌파구를 찾을 용기가 없어 자책하기만 하고 자신에게는 더 나은 삶을 추구할 만한 가치가 없다고 쉽게 단정지어 버린다.

이런 사람들의 어린 시절을 살펴보면 자신감 있게 의사를 표명하고 받아들여지는 경험을 거의 하지 못한 경우가 많다. 이들은 내 감정이 어떤지, 내가 만족감을 느끼기 위해서는 무엇이 충족되어야 하는지, 현재 겪고 있는 자

잘한 문제는 어떤 것인지 타인에게 마음 편하게 이야기하기보다는 참고 억누르는 법을 배웠다. '발목이 잘 잡히는' 유형의 사람들은 대개 부모에게 순종적이고 말 잘 듣는 아이지만 정작 부모의 관심 순위에서는 밀려나 있거나, 폭력적이거나 과도하게 걱정이 많고 나약한 부모 밑에서 자라 정서적으로 압도당한 경우가 흔하다. 너무 어린 나이부터 순종하고 순응하는 데 익숙해져 나보다는 다른 사람을 돌보고, 그들이 원하는 바에 나를 맞추며, 늘 웃는 표정을 지어야만 했던 것이다. 그렇게 수십 년이 흐른 결과, 갈등을 일으킬 바에야 쥐 죽은 듯 숨죽이고 사는 게 낫다고 여기며 힘든 상황에서 적극적인 행동을 취하지 못하는 사람이 되어 버렸다.

하지만 아무리 이런 식으로 자기 합리화를 하더라도 내면 깊은 곳에서는 지금 이대로는 안 된다는 외침이 끊임없이 들린다. 제아무리 내리누르고 핍박해도 나의 건강한 자아는 내면 깊숙한 곳에서 여전히 살아남아, 이렇게 참고만 살아서는 안 된다고 쉼 없이 외친다. 마치 콘크리트 틈 사이에서 단단히 뿌리를 내리고 햇살을 향해 꿋꿋하게 고개를 쳐드는 작은 민들레처럼.

우리는 무언가를 바랄 만한 자격이 있는지 끊임없이 의심하며 자신에게 엄하게 군다. 나의 열망은 과연 정당한가? 지금의 관계에서 결여된 것, 이를테면 좀 더 깊은 애정과 지적인 자극, 신뢰, 더 만족스러운 섹스, 사생활에 대한 존중, 더 많은 즐거움 등을 갈구하는 내가 억지스럽고 예민한 건 아닐까? 내심 다른 누군가가 나더러 배가 불렀다며 정신 차리라고 따끔하게 충고해 주었으면 좋겠다. 하지만 중요한 사실을 간과해서는 안 된다. 개인의 열망은 지극히 주관적인 기준에 따를 수밖에 없다. 내가 원하는 바가 오롯이 충족되어서 내면의 목소리와 씨름할 일이 없다면, 지금처럼 늘 무언가 결여되었다는 불만과 갈망을 느낄 필요조차 없을 것이다. 예민하고 까다롭다며 자신을 비난하고 땅굴을 파는 것보다는 자신을 긍정하고, 내면의 복잡한 생각과 감정을 조리 있게 표현하며, 내가 원하는 바를 상대에게 적절하게 요구할 수 있는 태도를 기르는 게 더 중요하다.

늘 이러지도 저러지도 못하는 사람은 문제를 일으킬지도 모른다는 두려움이 너무 큰 나머지 극심한 무력감에 빠지기도 한다. 혹자는 공중화장실 위치도 선뜻 묻지 못할 정도다. 남을 의식하는 게 지나쳐 헤어졌을 때 상대가 받을 상처를 걱정하고, 친구들과 가족의 반응을 예상하며 전전긍긍한다. 그러다 결국에는 누구나 마찬가지일 거라고 자기 합리화를 한다. 무섭지만 해방감을 주는 진실은 대다수의 사람이 그렇게 전전긍긍하며 살지 않는다는 것이다. 이별한 상대는 실연의 상처를 평생 부여잡고 살기는커녕 금세 털고 일어나 혼자이기에 느낄 수 있는 자유를 만끽한다. 질서 정연하고 평화로운 삶은 분명 아름답고 이상적이다. 하지만 그러한 삶이 조화롭고 평등한 연인 관계에서 비롯되는 것이 아니라 한쪽의 일방적인 희생을 담보로 한다면 그건 단지 허상에 불과하다. 허울뿐인 관계에 머무느니 박차고 떠나는 게 훨씬 낫다.

행복한 삶을 개척해 나가기 위해서는 무엇보다 나 자신을 소중히 여길 줄 알아야 한다. 연인 관계란 고통받기 위한 수단이 아니다. 물론 어느 관계에나 고충은 있다. 하지만 그것이 지금 당신이 느끼는 것만큼 심각한 고통이 되어서는 절대 안 된다. 평생 숨죽이고 희생하며 살아도 눈감을 때 누구 하나 박수 쳐 주지 않는다. 당신이 겪는 고통은 과도하고 불필요하다. 정말 필요해서 감내하는 게 아니라 그저 내가 성장하고 살아 온 방식과 지긋지긋하도록 비슷해서 당연한 것으로 받아들였을 뿐이다. 무의미한 희생에서 벗어나자. 그리고 새로운 미지의 세계로 한 걸음 내디뎌 보자. 내가 진정으로 원하는 바가 무엇인지 당당하게 말하며 살 수 있는 세계를 향해.

12. 그 사람은 왜 이렇게
헷갈리게 굴까?

→

이별을 고하는 건 언제나 힘든 일이지만 상황이 유독 더 복잡하게 꼬일 때가 있다. 헤어지기 특별히 어렵고 힘든 유형이 있는데, 이들은 우리 인생을 송두리째 뒤흔들 만큼 큰 고통을 주지만 생각보다 잘 알려지지 않았다.

이 유형과의 관계는 대체로 당신이 먼저 푹 빠지면서 시작된다. 외모나 성격 모두 완벽한 이상형이다. 인간으로서 존경할 만한 점과 품어 주고 싶은 점이 공존한다. 게다가 상대의 과거사를 듣다 보면 십중팔구 당신의 흥미를 끌고 마음 찡하게 만드는 사연이 있다. 이러한 과거의 그늘 때문에 앞으로의 관계가 걱정되기는커녕 내가 평생 보듬고 지켜 주겠다고 마음먹게 된다.

상대도 관계에 빠져 있는 것처럼 보인다. 자신에겐 당신
뿐이라고 수없이 속삭인다. 당신과 헤어질 생각 따윈 하
지 않는다. 관계가 오랫동안, 아니 영원히 지속되기를 서
로 바란다.

하지만 문제가 있다. 너무나 심각하지만 겉으로는 잘 드
러나지 않으며 위험하지만 쉽게 알아차리기 힘든, 하지
만 결국 서서히 깨달을 수밖에 없는 문제다. 바로 당신이
미칠 듯이 사랑하고 당신을 죽을 만큼 사랑한다는 그 사
람이 당신의 정신 건강에 가장 악영향을 끼치는 존재라
는 사실이다.

그 사람이 저지르는 잘못이란 과연 무엇일까? 물론 정도
의 차이는 있다. 가장 극단적인 경우는 폭력이다. 손찌검
하는 육체적인 폭력이 아니더라도 상대를 상처 주고 망
가뜨리는 방법은 매우 다양하다. 예를 들어 바람기나 낭
비벽이 그렇다. 또 술이나 담배 혹은 다른 무언가에 중독
되어 있을 수도 있다. 마지막으로 가장 생각해 내기 어려

운 잘못은 '마음이 항상 딴 데 가 있는' 상태를 들 수 있다. 따뜻함의 부재. 먼저 스킨십을 하지도, 당신을 꼬옥 안아 주지도 않는다. 곁에 있지만 남보다 못한 사이인 것이다.

이런 문제를 처음 감지하면 주로 상대에게 불만을 표현한다. 하지만 대부분 에둘러 말하거나 비꼬거나 짜증을 낼 뿐 문제를 정확하게 짚어서 말하지 않는다. 그 사람을 너무 사랑하는 데다가 착하고 말 잘 듣는 소년 혹은 소녀로 자라 왔기 때문이다. 당신이 이 문제를 어른답게 다룰 수 있게 되기까지는 적어도 몇 년 혹은 몇십 년의 세월이 걸린다. 마침내 그 사람이 당신에게 어떤 고통을 주는지 말할 준비가 되었을 때, 과연 어떤 일이 벌어질까? 반응은 대개 두 부류로 나뉜다. 둘 다 힘든 건 매한가지지만 최악은 단연 후자다.

(1) 솔직히 인정한다

참다 참다 폭발한 당신은 폭력과 불륜, 중독, 생활고, 무시, 냉담, 섹스리스를 더 이상 참고 살지 않겠노라 선언한다. 최후통첩을 날리는 것이다. 상대가 제 잘못을 깨닫고 변하고자 노력하는 모습을 보이지 않으면 헤어질 것이다. (물론 가장 원하는 건 이별이지만 당신은 여전히 그 사람을 사랑하니까!)

기어코 모진 말을 내뱉고 나면 얼굴이 터질 것 같고 온몸이 사시나무 떨듯 떨린다. 내가 순간 눈에 보이는 게 없었나 싶다. 내가 사랑하고 나를 사랑한다는 사람을 이별로 협박하다니, 얼마나 잔인한가. 상대도 똑같이 독한 말을 퍼부을 줄 알았는데 웬걸, 전혀 다른 상황이 펼쳐진다. 잘못을 순순히 인정하는 것이다. 바로 이렇게. "네 말이 맞아. 이제야 깨달았어. 덕분에 눈이 뜨인 기분이야. 그동안 상처 줘서 미안해. 내가 더 잘할게!"

그렇게 달라진 모습을 보여 주겠노라 맹세한다. 필요한 건 오직 시간과 당신의 믿음뿐이라 말한다. 또 한 달에 한두 번 상담 치료를 받겠다며 당장 예약을 잡는다. 당신은 문제를 솔직히 인정하는 상대의 모습에 큰 감동을 받는다. 인정하는 것은 물론이고, 변하기 위해 실제로 엄청난 노력을 기울인다. 당신은 애인에게 매우 수용적이고 관대한 마음을 기본으로 깔고 있으므로 변하려고 노력하는 상대의 모습에 기꺼이 기대와 믿음을 건다.

하지만 아무리 맹세한다 해도 사람이 변화하는 건 대단히 어렵다. 그것이 바로 문제의 핵심이다. 물론 당신의 애인은 얼마간 본인이 한 약속을 지킬 것이다. 그 기간은 당신의 마음을 누그러뜨리기에는 충분하나 문제를 고치기에는 턱없이 짧다. 늘 그런 식이다.

상대가 내뱉은 말과 달리 약속을 지킬 의지나 힘이 없다는 사실을 깨달을 즈음이면 벌써 두 사람 사이에는 아이가 있을 것이다. (이런 부류의 사람들은 아이를 통해 당신을 붙들어 두려 한다. 그리고 당신도 아이가 있으면 이 사람도 정신을 차리고 함께 단란한 가정을 꾸릴 수 있겠지 기대한다.) 서로에 대한 의무와 가정에 대한 책임이 쌓이기 시작하면 이제 남은 선택지는 거의 없다. 더욱이 당신은 더 이상 그렇게 젊지도 않다.

(2) 부인한다

지금까지의 상황만 해도 너무 끔찍하게 느껴지겠지만, 더 환장할 만한 시나리오도 있다. 이 시나리오에서 두 사람 사이의 역학 관계는 앞의 상황과 엇비슷하지만 한 가지 결정적인 차이가 있다. 당신이 너무나 힘들어하는 문제를 겨우 꺼냈을 때 상대가 절대 자신의 잘못을 인정하지 않고 부인하는 것이다. 되레 당신이 지나치게 예민하고 있지도 않은 일을 꾸며 낸다며, 문제는 자신이 아니라 당신이라 따진다. 그리고 당신이 한 말이 모욕적이라며 분노한다. "왜 이렇게 나를 못 잡아먹어서 안달이야? 나 못 믿어? 왜 이렇게 나를 막 대해? 그렇게 우리 관계에 확신이 없어?" 적반하장도 유분수다. "네가 이러니까 내가 그러지. 문제는 내가 아니라 너라고!"

그야말로 지뢰밭이다. 우리가 일상에서 대화를 일일이 녹화하지는 않다 보니, 상대가 거품을 물고 달려들면 당신의 주장을 객관적으로 증명하기도 힘들뿐더러 나중에는 내가 정말 상대를 오해한 건가 싶어진다. 정말 이 사람이 돈을 물 쓰듯 했나? 내가 구두쇠인 건 아닐까?

이 사람이 다른 사람에게 꼬리 친 게 맞나? 아니면 내가 질투가 많은 건가? 이 사람이 발기부전 혹은 불감증이 있는 건가, 아니면 내가 자신감이 없는 건가?

당신이 너무나 사랑하고 헤어지고 싶지 않은, 그리고 오직 자신한테는 당신밖에 없다 말하는 바로 그 사람이 그토록 고압적인 자세로 당신이 제정신이 아니고, 예민하고, 구속이 심하며, 문제가 있다는 말을 내뱉다니….

이런 상황을 겪는 당신은 아마도 상냥하고, 똑똑하며, 이해심이 넓은 사람일지 모른다. 불행하게도 상냥하고 똑똑하며 이해심이 넓은 사람은 남에게 뒤통수를 맞기 꽤 쉽다. 이런 사람들은 본인이 완벽하지 않으며 잘못된 판단을 할 수도 있다는 사실을 잘 인지하고 있을 뿐만 아니라 내가 모든 걸 다 안다고 자만하지 않는다. 아이러니하게도 바로 이러한 점 때문에 예민하게 구는 게 나일지도 모른다며 화살을 자신에게 돌려 버린다. 당신이 화가 나서 말도 안 되는 상상을 한다고 말하는 사람이 눈앞에 있다. 좀 억울한 부분도 있을 것이다. 하지만 내 충동과 감정을 무시하는 게 연인 관계를 유지하는 대가라면, 스스로 좀 충동적이고 예민한 사람이 되어도 괜찮다고 생각한다. 그렇게 하면 적어도 상대가 계속 곁에 있을 테니 말이다.

그렇게 세월은 흐르고, 당신은 아무 일 없는 척 지낸다. 아이를 낳고, 갈등은 안으로 곪고, 새 출발을 할 수 있는 시간은 점점 줄어든다. 당신의 정신도 점점 병들어 간다. 상대에게 늘 듣던 대로 '내가 문제야'라고 생각하며, 그 말을 완전히 믿기 시작한다. 그러다 임계점에 도달하면 더 이상 버티지 못하고 와르르 무너진다. 이별을 헤쳐 나가기엔 너무나도 최악인 상황에서 이별을 맞이하는 것이다.

당신은 두 시나리오 중 어느 쪽을 마주하든 결국 이별을 선택하게 될 것이다. 그의 태도에 당신의 장기적인 정신적 안녕이 달려 있다. 물론 내가 사랑하는 사람, 나 없이는 못 산다는 사람을 떠나기란 쉽지 않다. 하지만 꼭 기억하자. 당장의 문제를 모면하기 위해 변하겠다는 입에 발린 거짓말만 늘어놓거나, 문제가 있는 건 내가 아니라 너라 말하며 변화를 거부하는 건 사랑이 아니다.

잘 헤어지려면 항상 기억해야 한다. 내가 사랑하는 사람에게도 고장 난 부분이 있다. 또한 고쳐 쓸 수 없을 뿐만 아니라 자신의 문제를 가리려고 나를 탓할 수 있다. 심지어 자신의 문제를 인정하지 않고 나의 믿음을 이용하거나, 자신의 모습을 들여다보기 싫어 나의 나약함을 이용할 수도 있다. 그리고 또 명심하자. 과거에 겪은 일, 특히 참기 힘들 만큼 괴로운 상황에 처했던 경험이 나를 힘든 상황에서 이러지도 저러지도 못하는 인간으로 만들었을지도 모른다는 것을.

등산가들은 혼자서는 절대 오를 수 없는 산이 있다고 말한다. 그런 산을 오르기 위해서는 반드시 함께할 동지가 필요하다. 이 비유를 연애와 이별이라는 상황에 대입해 보자. 함께할 동지로 마음을 터놓을 수 있는 친구나 심리 상담가를 들 수 있다. 그들은 당신이 무너지지 않게 곁을 지킬 것이다. 당신이 극심한 자기혐오에 휩싸여 내가 성급한 탓에 모든 걸 망쳐 버렸다고, 그 사람과 헤어지는 바보 같은 실수를 저질렀다고 자책할 때도 그들은 변함없이 당신을 응원할 것이다. 당신이 지금 인생에서 가장 중요하고 올바른 결정을 내렸다는 걸 알고 있으니까.

13. 이별이 두려운 나에게
어떤 말이 필요할까?

——————————————→

헤어지고 싶은 마음은 굴뚝같지만 정작 실행에 옮기기에는 겁이 나는 상황을 떠올려 보자. 당신의 두려움을 해소시킬 만한 말은 무엇이 있을까? 아마 다음과 같은 말일 것이다.

(1) 당신은 이미 상상하는 것보다 훨씬 더 고립되어 있다. 이별은 그동안 혼자나 다름없었던 상황을 주변 사람 모두가 알 수 있게 공식적으로 정리하는 의미일 뿐이다. 아이러니하게도 이러한 공식적인 선언은 그동안 홀로 감내했던 고독과 좌절감에 마침표를 찍는 첫걸음이다.

(2) 지금 당신이 느끼는 외로움은 혼자가 되어 진정한 고독을 경험하지 않는 이상 결코 끝나지 않는다. 함께 있어도 외로운 것보다는 차라리 혼자라 외로운 게 낫다는 걸 당신도 이미 알고 있다. 혼자서 밥을 먹을 때의 외로움 따위를 가장 소중한 사람과 제대로 소통되지 않아 괴로운 마음을 붙들고 사는 고통에 비할 수 있을까. 벽에 대고 말하는 것 같은 사람과 마주앉아 있는 건 빈 의자를 마주하고 있는 것보다 더 잔인한 짓이며 자신에게 내리는 형벌과 다름없다.

(3) 완벽한 커플은 없다느니 사랑이 아니라 정으로 산다느니 하는 말에 기대 당신이 가진 정당한 바람과 희망을 억누르는 데 온 힘을 쏟고 있는가? 속상한 마음을 달래는 데 도움이 될지는 모르나 결국 자조적인 자기 합리화에 불과하다. '커플'이라는 단어를 '영화' 혹은 '휴가지' 같은 단어로 대체해 보자. 완벽한 영화나 완벽한 휴가지가 없다는 말처럼 완벽한 커플이 없다는 말은 당연하지만, 그리 특별할 것 없는 말이기도 하다. 아무리 재미없어도 TV 채널을 절대 바꾸지 않으려 버티거나 밀턴킨스(영국 런던의 주택난을 해결하기

위해 건설된 도시로 관광지보다는 거주 편의성이 특화된 뉴타운-옮긴이)에서 즐기는 휴가와 코모(이탈리아의 소도시로 할리우드 배우 조지 클루니의 별장이 있어 미국인들에게 잘 알려진 관광지-옮긴이)에서의 휴가 사이 존재하는 눈에 띄는 차이를 부인하지는 않는다. 연애에도 분명 '더 나은' 선택과 '더 나쁜' 선택이 존재한다. 물론 휴가지나 영화에 비하면 좀 더 어렵고 신중해야 할 문제이지만, 기본 메커니즘은 비슷하다.

(4) 안으로는 다 곪아 터졌지만 밖으로는 화목한 척하는 커플보다는 건강한 싱글로 지내는 게 백 번 천 번 낫다. 울고 싶을 때는 솔직하게 우는 게 화를 속으로 삼키며 억지로 웃는 것보다 훨씬 나은 것처럼 말이다.

(5) 결정을 머뭇거리는 가장 큰 이유는 바로 자신에 대한 믿음이 부족해서다. 이런 상황에 처한 사람들은 대개 자신의 매력이 부족하다 느끼고 자존감이 크게 떨어져 있다. 앞으로도 계속해서 설명하겠지만 이러한 성격이 형성된 데는 어린 시절의 영향이 크다. 정리하자면 자기혐오가 애인과 헤어지지 못하는 가장 큰 원인

이다. 내가 나를 사랑한다면 나에게 진정 필요한 것이 무엇인지 확신할 수 있고, 이를 바탕으로 나에게 더 이로운 결정을 내리고 실행에 옮길 수 있다.

(6) 다음 문장을 완성시켜 보자.

"헤어지자는 말을 꺼내야 하는 부담감, 새로운 집을 찾아야 하는 번거로움, 공통 지인들에게 헤어진 사실을 알릴 때의 낯부끄러움을 비롯한 모든 현실적인 걸림돌이 없다고 치자. 그런 경우, 내가 하고 싶은 일은 바로 _____이다." 빈 칸에 어떤 말을 채울 수 있을까? 당신이 쓴 말을 지금도 계속 무시하고 있다면 이는 내 사정에 별 관심도 없는 사람들에게 어려운 이야기를 해야 한다는 번거로움이나 하루 이틀 시간을 내서 부동산을 찾아다니는 별것 아닌 수고로움을 회피하고자 내 인생을 통째로 저당 잡혀 있다는 뜻이다. 시간이야말로 가장 중요한 자산이다. 속이 썩어 문드러지는 걸 평생 참고 산다고 나라에서 훈장을 주는 것도 아니지 않나.

(7) 나쁜 관계에서 받는 고통보다 혼자가 되어 느끼는 고

통이 훨씬 가볍고 견디기 쉽다. 하루가 멀다 하고 지지고 볶고, 서로를 오해하고, 헐뜯고, 냉전 상태로 지내는 것에 비해 혼자 지내는 삶은 평온하기 그지없다. 싱글이든 커플이든 상관없이 제일 두렵게 여기고 경계해야 하는 건 바로 내가 마음 깊이 존경하고 사랑하는 존재의 부재다.

(8) 다시 혼자가 되면 연애를 하기 이전에 살던 삶을 되풀이할 거라 생각하기 쉽다. 하지만 현재의 연애를 통해 혼자일 때 겪는 불편함에 대처하는 나의 관점은 완전히 바뀌었음을 알자. 연애를 하기 전의 나와 이별한 후의 나는 같지만 완전히 다른 사람이다. 미처 깨닫지 못했을 수도 있지만 당신은 연애를 통해 공감 능력과 삶에 대한 감사, 멋진 싱글 라이프를 즐길 수 있는 능력 같은 다양한 삶의 기술을 획득했다.

(9) 혼자가 되는 것에 대한 막연한 두려움을 이겨 내는 것이야말로 더 나은 연애를 위한 밑거름이다. 자고로 선택지가 없다고 생각하는 사람들이 최악의 선택을 하는 법이다.

⑽ 당신에게 진정으로 도움이 되는 연애란 항상 즐겁기만 한 연애가 아니다. 당신에게 굳건한 믿음을 주는 연애가 진정한 연애다. 가끔 좌절감을 느끼고, 눈이 뒤집히고, 미친 듯이 성을 낼 수 있다. 때때로 속상한 순간도 있다. 하지만 그렇다고 해서 '이 관계를 벗어나야 하나'와 같은 근본적인 고민을 하도록 만들지는 않는 연애, 지금 당신이 집어 들고 있는 이 책 따위를 읽을 필요도 없게 만드는, 그런 연애를 하기를 응원한다.

14. 이별이 꼭
비극이어야만 할까?

$$\longrightarrow$$

이별은 늘 심각하게 받아들여진다. 마치 하나의 비극이라도 되는 듯, 누군가 이별했다는 소식을 들으면 장례식에서처럼 엄숙하게 위로의 말을 건넨다.

이런 현상은 사랑에 대한 근원적인 철학을 대변한다. 사랑은 '두 사람은 죽을 때까지 행복하게 살았답니다'라는 말로 완성되어야 한다고 배운다. 이러한 관점에서 볼 때 이별이란 곧 사랑의 실패를 뜻할 수밖에 없다.

하지만 세상에는 사이가 나빠지지 않고 좋은 관계를 유지하면서 헤어지는 경우도 있다. 이때 이별은 사랑의 완성을 의미한다. 상처와 분노, 후회와 죄책감으로 점철된 이별이 아니라 서로에 대한 고마움과 공동의 성취감 속에서 헤어지는 것이다.

조금 어렵게 느껴질 수도 있으나, 이상적인 이별이란 우리가 전혀 예상하지 못하는 지점에서 시작된다. 연인이 함께하는 동안 "우리 관계는 대체 뭘까?"라는 질문을 끊임없이 되새기면서 답을 찾아 나가는 과정이 바로 그것이다. 어감이 다소 부정적으로 느껴질지도 모른다. 이런 질문은 주로 상대에 대한 환상이 깨졌을 때나 할 법하기 때문이다. 그렇기에 더더욱 관점의 전환이 필요하다. 긍정적이고 탐구심 가득한 자세로 이 질문을 마주하는 것이야말로 건강한 연인 관계에 필수적이다.

흔히들 사랑을 구속이라 착각한다. 콩깍지가 씐 두 사람이 마치 상대가 소유물이라도 되는 듯 서로를 '소유'하기로 동의하는 것이다. 하지만 연애를 '배움의 과정'이라고 본다면 좀 더 건강하고 인격적인 방식으로 사랑할 수 있다. 배움에 기반한 연애관에서는 연인 관계의 핵심을 동등한 입장에서 서로를 성장시키는 것이라 여긴다. 이에 따르면 연인들은 서로에게 배울 만한 점을 발견할 때 서로에게 끌린다. 내가 갖지 못한 좋은 점을 상대가 가지고 있을 때 우리는 사랑에 빠진다. 그리고 사랑의 품 안에서 더더욱 성장하기를 원한다.

예를 들어 상대가 현실에서는 존재하지 않을 것이라고 여겼던 자신감 넘치면서도 부드러운 사람이라면 어떨까. 아니면 나는 소심하고 자존감이 낮은데 반해 상대는 자신의 부족한 부분을 유쾌하게 인정할 줄 아는 사람일 수 있다. 또 나는 손재주가 하나도 없는데 상대는 금손일지도 모른다. 이처럼 사람들은 내가 가지지 못한 면모를 상대에게서 발견하고 매력을 느낀다. 좀 더 정확하게 말하면 연애의 목적은 자신감과 온화함, 자존감, 손재주 등 사람마다 다른 수천 가지의 자질을 보고 배우는 것이다. 즉, 연애할 때는 동반자로서 함께해야 하는 구체적인 이유가 존재하고, 그것이 바로 두 사람의 관계를 정의하는 핵심이다.

함께 지내며 삶을 공유하고, 때로는 쓴소리나 징징거리는 소리를 듣더라도 상대의 말에 귀 기울이면서, 연인은 그렇게 함께 배워 나간다. 그러다 서로에게서 더 이상 아무것도 배울 게 없는 순간이 온다. 함께하면서 두 사람은 서로를 만나기 이전보다 더 성숙해졌고, 현명하고 균형 잡힌 사람이 되었다. 서로의 존재 덕분에 각자가 되고자 했던 모습으로 성장할 수 있었다. 문제는 이제 두 사람은 함께일 때보다 각자일 때 더 빛난다는 것이다.

지극히 친밀하고, 사랑하고, 존중하는 관계를 이어 왔기에 서로를 떠날 때가 된 것이다. 이런 이별은 마치 소설을 끝맺는 것과 같다. 작가의 영감이 떨어져서가 아니라 다양한 이야기가 전개되다 마침내 대단원의 막이 내리는 것이다. 이는 우리가 영원히 어린아이로만 머물 수 없는 것과 비슷한 맥락이다. 부모님 품속의 아이는 어느 순간이 되면 더 큰 성장을 위해 집을 떠나야 한다. 내쫓기거나 도망치는 게 아니라 더 이상 어린아이가 아니기에 밟는 자연스러운 수순이다. 이처럼 서로를 떠나는 것이 사랑의 실패가 아니라 사랑의 귀결이 될 수 있고, 어떤 이별의 끝은 실패가 아니라 성공의 신호다.

성공적인 이별을 판단하는 중요한 기준은 내가 어떠한

노력을 기울였는지 명확히 이해하는 것이다. 소설이 영원히 계속될 수 없고 아이는 언젠가 독립해야 하는 것처럼, 연애도 분명 목적과 지향점이 있다. 하지만 사람들은 연애가 본인에게 어떤 의미인지 좀체 질문하지 않는다. 이 때문에 헤어질 때도 잘 마무리했다는 기분을 느끼기 힘들다. 심지어 혼자인 게 싫다는 이유만으로 연애하는 경우, 이러한 질문에 아예 눈과 귀를 꾹 닫아 버린다. 혼자인 게 싫어서라니, 다른 이의 삶을 독점하기에는 너무 빈약하고 이기적인 이유가 아닐 수 없다.

이상적인 관계에서 '마침표를 찍는 행위'에는 양쪽 모두가 동참해야 한다. 하지만 애석하게도 현실에서는 한쪽이 헤어지길 원하고, 한쪽은 매달리는 경우가 태반이다. 이러한 경우에도 '사랑은 배움'이라는 관점에서 접근하면 분명 도움이 된다. 두 사람이 끝없는 갈등을 겪는 이유는 서로에게서 배우기를 포기했기 때문이다. 서로에게서 배울 점과 내가 가르쳐 줄 점이 무엇인지 잘 알지만, 잘 배우고 또 가르치는 기술이 부족한 것이다. 서로를 감화시킬 만한 인내심과 매력, 자신감도 바닥났다. 할 수 있는 최선을 다했지만 더 이상 서로에게서 배울 수 없다면 각자의 역할은 끝이 난 것이다. 우리는 더 이상 서로에게 좋은 인생의 길잡이가 되어 줄 수 없다.

내가 더 노력하고 발전해 나가야 할 부분이 많다는 걸 안다면 이별이 초래하는 좌절감으로부터 나를 보호할 수 있다. 두 사람이 함께한 덕분에 많은 것을 배웠지만, 인간은 완벽한 존재가 아니기에 한계가 올 수밖에 없다. 이별이 주는 교훈을 잘 받아들여 다음 사람과는 더 나은 연애를 하면 된다. 다만 그 전에 먼저 혼자이기에 배울 수 있는 경험도 충분히 하기를 바란다.

15. 하지만 헤어질 만큼
밉진 않아!

$$\longrightarrow$$

헤어질지 말지 결정을 내리지 못하는 가장 큰 이유 중 하나는 바로 애인이 하나부터 열까지 다 싫은 것만은 아니라는 것이다. 사실 그 사람이 진저리 치도록 싫지는 않다. 함께 보내는 시간이 내심 좋고, 여전히 그 사람에게 좋은 점이 있다고 느끼기에 헤어지기 힘들다.

상대를 여전히 아끼지만 관계를 빨리 정리해야 한다는 이중적인 감정에 혼란스러워하다 보면 대개 매우 이상한 결론에 다다르고 만다. 정말 그 사람을 쳐다보기도 싫은 순간이 오기 전까지는 섣불리 이별을 입에 담아선 안 된다는 생각이다. 그렇게 마음 깊은 곳에서부터 끓어

오르는 분노와 증오만이 이별에 정당성을 부여한다고 믿게 된다.

하지만 이런 생각은 두 사람 모두에게 아무런 도움도 되지 않을 뿐 아니라 깊은 상처를 남긴다. 분노와 증오로 가득 차 이별하면 박살 나 버린 자존감과 어두운 기억만 남게 된다. 나는 누군가에게 그토록 미움받는 게 당연할 뿐 아니라 누군가에게 진저리 나도록 끔찍한 존재가 될 수도 있다는 걸 수긍해 버리는 것이다. 헤어질 때 마지막으로 나누는 인사와 상냥한 말은 단지 겉치레에 불과하다. 왜냐하면 이별에 오직 한 가지 이유만 존재하기 때문이다. 바로 이별을 요구한 쪽이 두 사람의 관계에 완전히 넌더리가 났고, 상대가 얼마나 끔찍한 인간인지 똑똑히 알아 버려서 더 이상 존재 자체를 참을 수 없다는 것 말이다. 이렇게 들으면 남겨진 쪽만 힘든 것 같지만 떠난 쪽도 너덜너덜하기는 매한가지다. 일반적으로 이별을 고지한 쪽이 더 나쁜 사람 취급을 받기 때문이다. 얼마나 이기적이고 모질면 상대에게 그런 상처를 주냐는 눈총을 받는다. 이런 상황들이 뒤얽혀 이별하는 두 사람 모두 지독히 힘든 시간을 보내게 된다.

앞서 이야기했듯, 인격적으로 성숙하고 좋은 사람도 얼마든지 이별한다. 이별이 꼭 막장 신파극일 이유는 없다는 뜻이다. 한 인간으로서 더 성장하기 위해 혼자만의 시간이 필요할 수도 있고, 지금 관계에서는 충분히 성장했기에 서로를 보내 주어야 할 때도 있다. 또는 삶의 중요한 가치관이 다르기에 헤어지는 경우도 있다. 서로 사랑하지만 헤어진다는 말이 가능한 이유다.

상대가 연인 관계에서는 그리 좋은 사람이 아니지만, 사회생활이나 다른 인간관계에서는 굉장히 유능하고 인망이 두터울 수도 있다. 아직 사랑하는 마음이 남아 있다는 사실이 그 사람과 헤어질 수 없는 이유가 되어서는 안 된다. 또한 헤어지는 연인은 무조건 서로를 미워한다는 생각도 잘못이다. 헤어질 때 모질게 굴어서 정을 떼야 한다는 생각도 하지 말자. 억지로 주저앉히면 그냥 그 사람과 쭉 함께하면서 행복할 수도 있다. 하지만 그 누구도 나를 붙들 권리가 없고, 나 역시 억지스러운 요구에 발맞출 이유가 없다. 나에게 가장 중요한 의무는 나 자신을 돌보고 성장시키는 것이다. 헤어질 사람에게 마음이 쓰인다고 혼란스러워하지 않아도 된다. 그런 좋은 사람을 알아

본 과거의 자신에게 아낌없이 칭찬을 건네자. 동시에 현재와 미래의 자신을 존중하는 마음을 잃지 말자.

16. 나에게 이별을 결정할
자격이 있을까?

———————————→

이별을 고민할 때 내가 원하는 것과 내게 자격이 있는 것, 이 두 가지의 차이를 이해하는 일은 매우 중요하다.

'자격'이라는 개념이 다소 뜬금없이 들릴 수 있다. 다 큰 어른이 무언가 결정하고 실행할 때 타인의 허락을 구할 필요가 없다는 사실은 모두가 알고 있다. 결정은 내가 하는 것이므로 신, 부모님, 권위 있는 어느 누구도 끼어들 수 없다. 이를 잘 알고 있음에도 불구하고 온전히 내가 원한다는 이유로 무언가를 실행에 옮기는 일은 왠지 모르게 어색하고 힘이 든다. 이별을 앞두고 고려해야 하는 다양한 문제들 중 내 의사는 상대적으로 덜 중요하게 느껴지기 때문이다.

지금까지 여러 번 언급했듯이 과거를 돌아보면 내가 유독 나에게만 박하게 구는 이유를 이해하는 데 도움이 된다. 많은 사람이 성장 과정에서 내가 원하는 것보다 내가 해야 할 것을 더 중요시하도록 배운다. 그리고 이러한 어린 시절의 경험이 내가 원하는 바를 강하게 밀어붙이는 걸 부담스러워하도록 만든다. 내가 원하는 대로 하기보다 윗사람의 지시에 순응하고, 심기를 거스르지 않으며, 눈치 있게 구는 데 익숙하게끔 성장하는 것이다. 내가 원하는 게 무엇인지 모르는 건 아니지만, 다른 사람이 원하는 바에 맞추어야 한다는 강박이 너무 강해 내 마음을 무시하는 상황이 반복된다. 즉 내 마음을 모르는 게 아니라 내 마음과 생각을 우선시하려면 어떻게 해야 하는지 그 적당한 선을 지키는 방법을 배우지 못한 것이다.

이러한 굴레로부터 자유로워지기 위하여 우선 자신에게 몇 가지 간단한 질문을 던져 보자. 너무 오래 고민하지 말고 떠오르는 대로 답하는 것이 중요하다. 이는 당신이 가장 원하는 것이 무엇인지 파악하는 데 도움이 된다.

무엇이든 하고 싶은 대로 다 할 수 있다면 지금 당신이 가장 하고 싶은 것은 무엇인가?

두 번째 문항은 내가 어른이 되어서도 얼마나 윗사람의 의견에서 벗어나지 못하고 있는지 확인시켜 준다.

만약 하고 싶은 대로 해도 괜찮다고, 그건 나쁜 일이 아니라고 말해 준다면 당신이 하고 싶은 것은 무엇인가?

이제 마지막 문항이다.

답변이 철저하게 비밀로 보장된다면, 무엇에 관한 조언을 구하고 싶은가?

위의 세 문항에서 모두 '이별'이라고 응답했다면 당신은 자신이 처한 문제의 핵심을 놓치고 있다. 헤어질지 말지가 중요한 게 아니다. 당신은 타인의 허락이 없으면 아무 것도 결정하거나 실행하지 못하는 심각한 상황에 처해 있다. 이별을 고민하면서 갈팡질팡하는 것 자체는 전혀 이상하지 않다. 그보다는 하나의 인격체로서 스스로 결정할 힘이 부족하다는 사실이 진짜 문제다. 당신이 원하는 바는 명확하다. 단지 그것을 실행에 옮길 내면의 힘이 없을 뿐이다.

두 상황의 차이를 꼭 명심하기를 바란다. 그렇다면 더 이상 나 자신이나 친구, 상담가에게 "내가 어떻게 해야 할지 알아 가는 중이에요"라는 거짓말을 하지 않아도 된다. 그저 내가 원하는 대로 해도 된다는 타인의 '허락'을 받고 싶었다는 사실을 깨닫게 된다.

내 욕망에 솔직하지 못하고, 항상 잘못된 건 나 자신이라고 여겨 온 스스로를 안쓰럽게 여기고 보듬어 주자. 당신은 너무나 오랜 시간 부모님과 선생님, 직장 상사, 기타 다양한 관계 속에서 타인이 당신에게 기대하는 모습에 충실히 발맞추어 왔다. 그들의 기대에 부응하지 못하면 관심과 사랑, 존중을 받지 못할 거라는 두려움이 뿌리 깊게 각인되었기 때문이다. 너무 많은 부담과 불필요한 마음의 짐을 짊어지고 살아왔다. 이제 당신이 해야 할 일이 무엇인지 분명하다. 진정한 어른이 되기 위한 첫걸음을 내디뎌 보자. 내 인생의 주인은 바로 나이며, 모든 결정의 주체는 바로 나라는 사실을 명심하자. 타인의 허락 같은 건 필요하지 않다.

17. 내 기대치가
너무 높은 걸까?

→

이별을 고민할 때면 대개 다음번에는 더 좋은 사람을 만날 수 있으리라는 기대를 품는다. 떨어지는 공감 능력, 불만족스러운 섹스, 부족한 다정함과 통하지 않는 유머 감각 등 콩깍지가 벗겨져 눈에 속속 들어오는 옆 사람의 단점이 도저히 견딜 수 없어 마음이 복잡하다. 상대에 대한 회의감이 드는 동시에 나는 상대에게 좋은 사람인지 고민하기 시작한다. 기본적인 자기 성찰이 가능해서 본인 역시 완벽하지 않으며 누군가가 싫어할 만한 점이 있다는 사실을 인지할 만한 사람이라면 스스로에게 다음과 같은 질문을 할 수밖에 없다.

'내가 불평할 자격이 있을까?'

'더 나은 사람을 바라는 건 어리석은 짓일까?'

'상대를 있는 그대로 받아들이고 충실해야 할까?'

'상대가 얼마나 바뀌기를 바라도 될까?'

'내가 너무 욕심이 많은 걸까?'

좋은 소식부터 말하자면 우리가 꿈꾸는 이상형은 허황되지 않으며 분명 이 세상 어딘가 존재한다. 따라서 이상형을 상상하고 기대하는 건 멍청한 행동이 아니다. 이제껏 살면서 이상형에 근접한 사람을 마주친 적이 있을 것이다. 잡지 화보에 등장한 모델이나 카페 맞은편에 앉아 독서 삼매경에 빠진 사람 혹은 팔과 어깨만 딱 내 스타일인 이성 친구 등. 사실 아인슈타인의 두뇌에 할리우드 배우의 몸, 성인의 성정과 티탄의 권능을 지닌 사람처럼 말도 안 되는 조건을 바라는 사람은 없다. 우리는 그렇게 순진하지 않다. 각자 분수를 알고, 내가 어필할 수 있을 유형의 사람에 대해 대략적으로 이해하고 있다. 단지 더 좋은 사람을 만날 수 있다면, 당연히 욕심내 볼 만하지 않나 생각할 뿐이다. 80억 지구인 중 내가 바라는 조건을 갖춘 사람이 한두 명은 있지 않을까.

물론 이런 희망에는 아무런 보장도 없다. 운이 나쁠 수도, 타이밍이 맞지 않을 수도 혹은 나쁜 연애에 넌더리가 나 다시는 연애를 하지 않겠다고 마음먹었을 수도 있다. 내 꿈을 응원하는 사람을 영영 만나지 못할 수도 있다. 알고 보니 내 운명의 반쪽이 같은 동네에 살았지만 그저 스쳐 지나가기만 하고 영영 서로를 알아보지 못한 채로 삶이 끝날 수도 있다. 내가 원하는 조건을 갖춘 사람이 세상 어디엔가 존재한다는 사실과 내가 살아 있는 동안 그 사람을 찾아낼 확률은 전혀 다른 문제다.

따라서 이별을 마음먹은 사람에게 "너라면 더 나은 사람을 금방 만날 거야"라고 쉽게 말해선 안 된다. 말끝에 '아마도'라는 한마디를 덧붙이지 않을 거라면 말이다.

내가 너무 눈이 높은 건 아닐까 고민이 될 때면 질문의 방향을 조금 틀어 보자. 어떤 점에서 '너무 높다'는 뜻일까? 아무리 좋은 사람을 만나도 성에 차지 않을 거라는 생각이 든다면 눈이 너무 높은 게 맞다. 이런 경우 적당히 눈을 낮추는 것도 한 방법이다. 반면 앞날이 다소 불확실하지만 더 솔직하게 살기 위해서라면, 절대 당신의 눈이 높다거나 많은 걸 바란다고 할 수 없다. 따라서 '내가 눈이 너무 높아서 이러는 걸까' 혹은 '찾을 수 있을지 말지 불확실한데도 조건을 내세우는 건 나쁜 게 아닐까' 같은 고민을 하지 않아도 된다.

인간은 살면서 여러 문제와 딜레마를 마주한다. 사랑이 아닌 다른 문제에서는 비록 사회적으로 성공하지 못하더라도 자신의 신념을 굽히지 않는 사람이 존경받는다. 세간의 평에 굴하지 않고 수십 년간 꾸준히 자신만의 화풍을 추구하는 예술가를 한번 떠올려 보라. 눈앞의 이익에 흔들리지 않고 제품의 품질 향상에 공을 들이는 사업가, 출세를 포기할지언정 자신의 정치 신념을 고수하는 정치인도 있다. 사람인 이상 그들 역시 타인의 인정과 부, 권력에 흔들리는 게 당연하다. 하지만 그들은 자신의 예술, 경영 철학, 장인 정신, 정치관을 지키는 것이 더 중요하기 때문에 유혹에 넘어가지 않는다.

누구나 나의 이상과 세간의 인정이라는 두 마리 토끼를 다 잡고 싶어 한다. 하지만 둘 중 하나만 택해야 하는 상황이라면 많은 사람이 손해를 감수하고서라도 내가 가진 이상을 지키고 싶어 한다. 대중의 취향에 맞는 작품을 그리는 대가로 큰 인기를 끌 수 있다거나 제품 품질을 낮추는 대신 큰 부를 축적할 수 있고, 정치적 신념을 굽히는 대가로 막대한 권력을 거머쥘 수 있다 하더라도 말이다. 이는 사랑의 문제에서도 마찬가지다. 사람들은 앞날이 조금 불투명하더라도 정서적으로나 육체적으로 내가 정말 중요시하는 가치를 지닌 사람을 선택한다.

사람들이 이러한 선택을 하는 데는 크게 현실적인 이유와 심리적·실존적인 이유가 있다. 현실적으로 생각하면 이별하는 즉시 선택 가능한 다른 사람이 없더라도 눈앞의 불행한 관계를 정리하기 쉽다는 이점이 있다. 상대가 변하기를 기대하면서 발목을 붙들리는 것보다 혼자일 때 더 적극적으로 새로운 사랑을 찾아 나설 수 있기 때문이다. 게다가 다른 사람들에게 거짓말하거나 잠수를 타는 일 없이 나는 현재 싱글이고 새 인연을 찾고 있노라 떳떳하게 말할 수도 있다. 새로운 연애로 갈아타기 위해 지금의 연애를 정리하느라 지저분한 신파극을 찍을 필요도 없다.

하지만 이러한 현실적인 문제나 정말 내가 원하는 이상적인 상대를 만날 수 있을지 여부와 상관없이 내가 원하는 조건을 지키는 것은 정말 중요하다. 내가 소중히 여기는 가치를 실현할 수 있는 동반자 관계가 아닌 적당히 타협한 관계를 이어 나가다 보면 우리 영혼은 조금씩 피폐해질 수밖에 없다. 나를 진정으로 존중하고 나와 잘 맞는 사람을 선택하기보다 다시는 연애를 할 수 없을지도 모른다는 두려움에 굴복했음을 스스로도 알기 때문이다. 그리고 이러한 패배감은 나의 자존감과 존엄성을 갉아먹는다. 막연하기 그지없는 두려움을 달래기 위해 내가 추구하던 순수한 마음과 이상을 저버렸고, 이제는 너무나 멀리 떠나와 돌아갈 수조차 없다고 매일 한탄하는 사람이 과연 자신을 사랑할 수 있을까?

일본의 역사에서는 '위대한 실패noble failure'라는 개념이 중요하게 다루어진다. 살아생전 빛을 보지 못하고 성 밖의 허름한 오두막에서 삶을 마감한 시인, 유행하는 화려한 유약을 거부하고 수수하고 고아한 토기를 빚었으나 당대에는 작품의 가치를 인정받지 못했던 도예가, 사회 발전을 위한 혁신적인 개혁안을 제안하였으나 정계 진출을 거부당해 빛을 발하지 못한 정치인. 그들 모두 세속적인 성공에 연연하지 않고 자신이 속한 분야에서 자신만의 가치를 지키고 실현했으나, 신념을 고수하기 위해 큰 대가를 치러야 했다는 공통점을 지닌다.

하지만 그들은 일본 사회에서 패배자라 조롱받지 않는다. 본인의 예술이 인정받지 못하거나 사업이 번창하지 못하고, 제도 개혁을 이끌어 내지 못하는 등 세속적인 관점에서 보자면 분명 실패한 부분도 있다. 그럼에도 불구하고 이들이 존경받는 이유는 바로 본인이 추구하는 이상이 무엇인지를 정확히 알고 실행에 옮겼기 때문이다. 이러한 삶의 태도는 부와 명예, 세간의 인정보다 더 높은 가치로 받아들여진다. 물론 우리의 연애사는 위인들의 삶에 비해 평범하기 그지없고 역사에 남을 만한 것은 아니다. 하지만 이별 후의 상황을 상상하며 걱정에 사로잡혀 있다면, 이별을 '위대한 실패'라는 관점에서 접근해 보자. 외로움에 굴복해 아무나 만나기보다는 신념과 가치관이 통하는 사람을 신중하게 고르고 함께하는 것이 더욱 성숙한 삶의 자세가 아닐까. 비록 마음처럼 되지 않아 연애 기간보다 혼자 보내는 시간이 훨씬 길다고 해도 말이다. 음악 애호가가 음악 감상을 방해하는 애매한 배경 소음보다는 차라리 침묵을 선호하듯이, 건강하지 못한 연애에 발이 묶일 바에는 혼자 건강하게 지낼 때 사랑이라는 가치에 더 충실할 수 있다.

이별은 여러모로 힘들 수밖에 없다. 당장 혼자가 되고 나면 왠지 인생이 낯설고 이상하게 느껴진다. 괜히 고생스러운 홀로서기를 한답시고, 웬만하면 중간은 갈 법한 무난한 관계를 내 발로 걷어찼다고 후회할지도 모른다. 하지만 이런 상황이 그저 슬프기보다는 남모를 설렘을 선사할 것이다. 불확실하고, 때로 실패할지언정 당신은 진정한 사랑을 찾기 위해 끊임없이 노력할 테니까. 나 자신을 속이는 연애를 중단하고 내 가치관에 충실한 싱글의 삶을 선택하였다는 사실은 당신에게 큰 만족감과 자긍심을 선사할 것이다.

18. 어떻게 이별을
말할까?

———————————→

헤어지기로 마음을 굳혔다고 치자. 아직 넘어야 할 커다란 산이 있다. 내가 너무 사랑할 뿐만 아니라 나에게 늘 따뜻하고 무한한 신뢰를 보내며, 나와 함께 하는 미래를 그리고, 다음 휴가는 어디로 함께 갈까 고민하는 사람에게 상처를 입혀야 한다니. 생각만 해도 고통스럽다. 벌써 수십 번도 더 말을 꺼내려고 했지만 항상 마지막 순간에 포기하고 말았다. '이번 연휴는 지나고 이야기해야겠어.' '생일 직전에 말하긴 좀 그렇지.' '연말은 둘 다 정신없으니까.' '오늘 말고 내일.' 핑계를 대면서 마감을 계속 늦췄고 결국 오늘에 이르렀다.

이렇게 마음이 불편한 이유는 말을 꺼낸 뒤 겪을 후폭풍이 두려워서다. 이별하자는 말에 상대가 울고불고하며 난리를 치면 어쩌나 하는 두려움 말이다. 그토록 씩씩하고 반짝거리는 사람을 내가 혼돈의 나락으로 떨어뜨릴지도 모른다니 생각만 해도 괴롭다. 누가 들으면 말도 안 되는 소리라 하겠지만, 그렇게 극심한 스트레스를 5분이라도 견디느니 그냥 참고 몇십 년을 사는 게 더 나을지도 모른다. 또 한편으로는 너무 무섭다. 우리는 생각보다 훨씬 더 상대를 무서워한다. 헤어지자고 말하는 순간 그 사람이 어떻게 돌변할지 알 수 없다. 소리를 지르고 입에 담을 수 없는 욕을 내뱉는 건 약과다. 폭력을 행사하거나 정말 목숨이 위험한 상황이 발생할 수도 있다.

이별 상황에서 느끼는 두려움은 동전의 양면 같다. 이별 통보가 상대를 죽을 만큼 힘들게 만들 수 있고, 역으로 분노한 상대가 나에게 죽을 만큼 고통을 주거나 죽어 버리겠다고 협박할지도 모른다. 이런 걱정들로 이별 통보를 차일피일 미루게 된다. 물론 머리로는 이렇게 걱정할 필요가 없다고 생각하지만 불안한 마음을 잠재우기는 어렵다. 어지럼증을 느끼는 사람에게 발코니가 무너질 일은 없다고, 우울증을 앓는 사람에게 세상에는 충분히 행복한 일이 많다고 조언하는 건 쉽다. 하지만 사람의 마음은 논리로만 움직이지 않는다. 사람들은 본능적으로 내 삶에서 중요한 사람의 마음을 저버리면 필시 나와 상대 둘 중 한 사람의 삶이 무너진다고 생각하고, 이러한 위험을 최소화하려고 노력한다.

이런 두려움은 어디에서 기인하는 것일까? 어린 시절로 거슬러 올라가 보자. 정신적으로 너무 나약한 부모 슬하에서 자란 아이들은 성장 과정에서 상처를 받기 쉽다. 나약한 부모는 대개 자신이 처한 다양한 문제 때문에 정신적으로나 육체적으로 힘들어한다. 그들은 절망감을 이겨내고 본인의 존재 이유를 정당화하기 위해 아이에게 과도하게 의존하는 경향이 있다. 이러한 관계 속에서 성장한 아이는 부모가 원하는 바에 순응하려고 늘 애쓴다. '나라도 부모님에게 상처를 주지 말아야지'라고 생각하기 때문이다. 내가 원하는 대로 하려 들었다간 부모를 더 힘들게 할 거라는 두려움에 본인의 욕구나 바람은 한구석으로 밀어 놓게 된다. 부모를 너무 사랑하지만, 동시에 부모가 우리 가족이 처한 현실을 헤쳐 나갈 힘이 없다고 판단한 것이다. 이러한 인식은 나이와 상관없다. 세 살배기 아기조차도 상황을 판단할 수 있다. 아이는 무의식 중에 늘 조용하고 점잖게 구는 법을 배운다. 이미 여러 상황으로 인해 충분히 힘든 부모에게 조금이나마 도움이 되고자 아이다운 산만함이나 장난기, 칭얼거림, 심지어 똑똑함까지 억누르며 항상 과도하게 밝고, 의젓하고, 손이 안 가는 어른 아이가 되는 것이다.

또 다른 사례는 대인 관계에서 좌절감을 겪을 때마다 극도의 분노를 표출하는 보호자 밑에서 유년기를 보낸 경우다. 두 살배기 아기의 눈에 흥분해서 날뛰는 어른이 얼마나 무시무시하고 위협적으로 비칠지는 상상조차 할수 없다. 같은 성인이라면 이 사람이 미친 듯이 화를 낸다고 해서 곧바로 누군가 죽일 거라는 두려움을 느끼지는 않을 것이다. 지금 당장은 눈에 보이는 게 없어도 몇 분만 지나면 집어 던진 화병 조각을 알아서 쓸어 모으겠거니 한다. 하지만 과연 어린아이도 그렇게 생각할 수 있을까? 자신보다 덩치가 몇 배는 큰 어른이 분에 못 이겨 망치를 집어 들고 내 머리통을 부수어 버리지 않는다고 어린아이가 무슨 수로 알까? 지금 미쳐 날뛰며 방문을 부수어 버린 저 어른이 나를 창문 밖으로 집어던지지 않는다는 보장이 있을까? 물론 화를 내는 어른의 입장에서 보면 아무리 화가 머리끝까지 난다 해도 아이를 죽여 버리겠다는 극단적인 생각까지 하는 경우는 극히 드물다. 하지만 아이, 특히 감수성이 예민한 아이에게 이러한 상황은 자신이 곧 죽임을 당할지도 모른다는 심각한 위협으로 다가온다. 아직 세상에 대한 경험이 부족한 어린아이의 시선에서 보면, 꼭 누군가를 진짜 죽여야만 살인자가 되는 게 아니다. 따라서 이런 극심한 공포감을 느끼며 성장한 사람이라면 상대를 자극하는 행동을 극도로 두려워하는 것이 너무나도 당연하다.

어린 시절 겪은 일련의 사건은 마음속에 엄청난 공포심을 심어 버린다. 이런 어두운 감정은 마음 깊은 곳에 늘 자리하고 때때로 수면 위로 떠올라 인생을 크게 휘두른다. 과거를 되돌아보면서 꼭 이해해야 하는 점이 있다. 바로 내가 느끼는 두려움은 지극히 현실적이지만 오직 내 마음속에서만 실재한다는 사실이다. 다시 말해 당신이 느끼는 두려움의 근거는 충분하고 정당하지만 당신이 어른이 된 지금 이곳, 현실에서 일어나는 일은 아니란 말이다. 당신이 앞으로 일어나게 될지도 모른다며 두려워하는 암울한 상황은 과거에 일어난 일이다. 당신은 이미 원치 않는 소식을 들었을 때 죽어 버리겠다고 협박하는 사람, 기분을 상하게 만드는 사람에게 폭력적으로 반응하는 사람을 경험했다. 하지만 지금은 과거와 다르다. 이제 당신은 어엿한 성인이 되었으며 그동안 관계를 헤쳐 나가는 힘을 착실히 길렀다. 따라서 다른 인간이 당신을 감정의 쓰레기통으로 여길 가능성은 적고, 설령 상대가 그런 식으로 나올지라도 당신은 다양한 방식으로 대처할 수 있다. 상대가 슬픈 감정을 다스릴 수 있도록 직접적으로든 간접적으로든 도움을 줄 수 있다.

물론 내가 잘하고 있나, 상대를 끝없는 수렁에 밀어 넣은 게 아닐까 걱정이 될지도 모른다. 하지만 그건 아이 같은 생각이지 어른스러운 처세가 아니다. 물론 몇 시간, 며칠 혹은 몇 주간 암울한 시간을 보낼지 모른다. 하지만 시간이 약이라고 하지 않나. 차차 마음을 추스르기 시작하고 머지않아 예전처럼 밝은 모습을 되찾게 될 것이다. 어느 날 아침 눈을 떴을 때 문득, 이별을 해도 세상은 무너지지 않는다는 사실을 깨닫고 자신의 삶을 살아 나가기 시작한다. 모든 상대가 이별했다고 도끼를 집어 들고 달려와 당신을 조각내려 하지는 않는다. 하지만 상대가 당신을 향해 미칠 듯이 성을 내고, 고함을 지르고, 욕설을 내뱉는다면 나를 지키기 위해 자리를 박차고 나와도 괜찮나. 상대가 너무 위협적으로 나온다면 경찰이나 변호사를 부르고, 주변에 적극적으로 도움을 청하자. 동시에 태풍에도 무너지지 않는 견고한 다리처럼, 상대가 퍼붓는 감정의 격랑에 굴하지 않고 버틸 수 있도록 자신감을 키워야 한다.

여전히 헤어질 용기가 없다면 '진짜 친절'과 '가짜 친절'의 차이를 유념해야 한다. 우리는 흔히 다른 사람을 화나게 하거나 성가시게 만들지 않는 게 친절이라 여긴다. 이 때문에 내가 사랑하는 사람에게 나쁜 소식은 감추고 들려주지 않으려 한다. 하지만 이러한 대처 방식은 상대방을 더 심하게 망가뜨릴 수 있다. 상대가 상처받을까 걱정돼 헤어지지 못한다면서 싸늘하게 대하고, 빈정거리고, 거짓말을 하고, 바람을 피우며 행복하지 않다는 티를 팍팍 내면서 관계를 질질 끄는 게 대체 상대에게 무슨 도움이 되겠는가? 이별의 시련을 겪게 하지 않겠다는 이유만으로 헤어지는 것만도 못한 관계에 상대를 붙들어 두는 건 지독히 이기적인 행동이다.

타인의 눈에 착해 보이려는 사람들, 그리고 눈앞의 갈등을 회피하는 데 급급한 겁쟁이들은 주변에 상상 이상으로 민폐를 끼친다. 진정으로 용기 있는 사람은 바로 내가 사랑하는 사람으로부터 받는 미움도 감수할 줄 아는 자다. "나는 앞으로 너 같은 사람은 절대 못 만날 거야." 이런 입에 발린 말을 믿고 상대의 앞날을 앞서 걱정할 필요는 없다. 물론 지금은 꽤나 진심을 담아서 하는 말이겠지만 그들 역시 시간을 갖고 생각하면 본인이 한 말이 사실이 아님을 깨닫는다. 이미 바캉스 티켓을 사 두었더라도, 집 계약서에 막 도장을 찍었더라도, 결혼식 청첩장을 찍은 후라도 상관없다. '이건 아니야'라는 확신이 든다면, 미적지근하게 굴지 않고 확실하게 상황을 정리하는 게 바로 상대를 위한 '진정한 친절'이다. 상대와 내가 더 이상 함께할 수 없다는 결정을 내리는 건 절대 이기적인 행동이 아니며, 이별을 고하는 것이 위험한 일이 되어서도 절대 안 된다. 자나 깨나 헤어질 궁리만 하면서, 정작 결단을 내리지는 못하고 서로의 귀중한 시간을 허비하는 것이야말로 진정 이기적이고 위험한 행동이 아닐까.

19. 왜 갑자기
사랑스러워 보이지?

───────────────→

지난 몇 년간 우리 사이는 점점 소원해졌다. 뾰족한 말로 상처 주고, 서로를 탓하고, 흥보고, 언성을 높이고, 문을 쾅 닫으며 나가 버리고, 원망하며 냉전을 이어 나갔다.

수많은 갈등이 쌓이고 쌓여 드디어 헤어지기로 마음먹었다. 이 결정을 내리는 데만 4년이 걸렸다. 친구들에게 수없이 고민 상담을 하고, 상담가를 찾아가고, 변호사에게 자문을 구하며 시간을 보냈다. 그러니까 절대 즉흥적으로 내린 결론이 아니란 말이다. 몇 달 전, 헤어지자고 통보한 후 상대가 쏟아 내는 분노와 원망을 견뎌야 했다. 정말두 번은 못할 짓이었다. 이제 드디어 기나긴 터널의 끝이 보인다. 두 사람 모두 묵묵히 현실을 받아들이고 이별에 동의했다. 따로 살 집도 구했고, 떠날 준비도 다 마쳤다. 두 사람이 한집에서 보내는 마지막 주말, 저녁 식사 전 이별주나 한잔 기울이기로 한다.

그리고 바로 그 순간, 혼란스럽고 부끄러운 감정이 나를 덮친다. 헤어지기 위해 엄청난 시간과 돈과 에너지를 들였는데, 이제 곧 남이 될 상대가 새삼 그렇게 매력적으로 보일 수가 없다. 내가 좋아하던 옷을 차려입고, 고개를 비스듬히 기울이며 나를 지그시 바라볼 때의 특유의 눈빛은 내가 좋아하던 모습 그대로다. 서로가 아는 지인에 대해 이야기할 때는 얼마나 속정이 깊은 사람인지 느껴진다. 저녁 식사 자리를 세팅하는 손길에서 그 사람의 센스와 안목이 고스란히 드러난다. 최근 읽은 신문 기사에 대해 논평하는 모습도 너무 멋지다. 아, 정말 참을 수 없이 매력적이다. 머리를 쓰다듬고 싶고, 더 오래 같이 있고 싶고, 싸 놓은 이삿짐을 당장 풀고 싶다. 다시 한번 잘 해 보자고 말할까? 이별을 코앞에 두고 이렇게 마음이 뒤바뀔 수 있다니! 혹시 내가 인생 최악의 결정을 한 것은 아닐까? 이런 두려움이 스멀스멀 기어 나온다. 정말 말도 안

되는 일이지 뭔가. 헤어지기 위해 그토록 발버둥을 친 바로 그 사람에게 다시 끌린다니.

이게 대체 무슨 일인지 당황스럽다. 아직 우리 사이에 사랑이 남아 있다는 뜻일까? 헤어지기로 한 결정을 뒤엎고 다시 합치면 이전보다 훨씬 행복하게 지낼 수 있을까? 아니면 순간적으로 혹해서 내 판단력이 흐려진 것일까?

이렇듯 혼란스러운 감정은 내가 떠나가는 사람에게 '막바지 사랑의 열병a last-minute crush'을 앓는 것으로 설명할 수 있다. 사랑의 열병이 무엇인지 보여 주는 가장 적절한 예로 1872년에 출간된 러시아 작가 이반 투르게네프의 소설 『봄 물결』을 들 수 있다. 이 작품에는 따뜻한 봄날, 기차역으로 가는 길에 시원한 물 한 잔을 마시러 잠깐 바에 방문한 남자가 등장한다. 그에게 물을 건넨 아가씨는 밝고 사랑스러운 미소의 소유자로 물병 뚜껑을 따는 모습이 우아하기 그지없다. 첫눈에 그녀에게 반한 남자는 그녀와 함께하는 장밋빛 미래를 상상한다. 그 길로 여행 일정을 모두 취소하고 그녀와 시간을 보내기 위해 인근 호텔에 묵는다. 이튿날에는 그녀와 백년가약을 맺기로 결심한다. 그러나 사흘째 되던 날, 남자는 자신이 엄청난 실수를 저질렀다는 사실을 깨닫는다. 자리에서 뛰쳐나간 남자는 다시 돌아오지 않는다.

흔히 첫눈에 반하는 것을 사랑의 시작으로 여긴다. 하지만 이는 사랑이 끝나 갈 무렵에도 얼마든지 발생할 수 있는 현상이다. 강렬한 사랑의 시작을 봄날에 비유한 투르게네프를 기리는 뜻에서, 이별을 앞두고 상대에게 다시금 반하는 현상을 '늦가을의 열병an autumn crush'이라 불러도 좋겠다.

봄의 사랑이든 가을의 사랑이든, 상대에게 '반했다'는 감정의 가장 중요한 특징은 내가 반한 상대를 이상화할 뿐 그 사람의 현실을 깊게 들여다보려 하지 않는다는 사실이다. 늘 한 발짝 떨어져 서서 동경에 찬 눈길로 그 사람을 바라보기만 한다. 함께 집안일을 하거나 정치와 가족 관계, 섹스, 직장 생활과 같은 현생의 쟁점에 대해 생각을 나누거나 내가 상대에게 바라는 점을 이야기하지 않는다. 쉽게 말해 상대에게 아무것도 바라거나 요구하지 않으며 그저 바라만 볼 뿐이다. 그리고 현실과 유리된 관점으로 상대를 이상화하는 것이다. 물론 상대와 계속해서 행복한 관계를 유지할 수 있다면 그리 큰 문제는 아니다. 하지만 안타깝게도 함께 즐겁고 행복하게 살아갈 수 있는 상대와 멋지고 사랑스럽고 동경하는 상대는 다르다. 내가 연예인을 좋아한다고 해서 그 사람과 연인이 되고 가족을 꾸릴 생각을 하지 않는 것과 같다.

굉장히 비현실적인 욕망의 산물처럼 보이지만, 사랑의 열병은 상대에게 아무런 기대를 하지 않음으로써 유지된다. 새로운 사랑에 광적으로 빠져 있을 때, 그 사람에게 우리가 기대하는 바는 거의 제로에 가깝다. 그저 전화를 받거나 다음에 밥 한번 먹자는 말만 들어도 좋아서 어쩔 줄을 모른다. 잠깐 손끝만 닿아도 온종일 축복받은 기분이다. 상대방이 무얼 해도 황송하기 그지없다. 하지만 관계가 진전될수록 기대하는 바가 생기기 마련이다. 연애를 시작한 지 두 달이 지나면 실망스러운 점이 늘어난다. 내가 원하는 체위에 응하지 않아서, 내 가족에게 차갑게 굴어서, 내 친구의 말끝마다 딴지를 놓거나 인테리어 취향이 달라서 짜증이 나고 그와 내가 어울리지 않는다고 여기기 시작한다. 결국 헤어지는 이유는 상대가 나쁜 사람이라서가 아니라 내가 상상하며 덧씌운 환상과 기대에 그 사람이 미치지 못한다는 사실에 지레 실망하기 때문이다.

하지만 이런 환상 혹은 기대감을 망상이라느니 바라는 게 많다느니 치부해 버리는 것 역시 옳지 않다. 오히려 객관적으로 보자면 이런 기대는 지극히 당연하다. 세상 그 누구보다 애인이 내 마음을 가장 잘 이해해 주었으면 하는 생각은 전혀 이상하지 않다. 애인과 누구보다 잘 통한다고 느끼고 싶은 마음, 누구보다 속 깊은 이야기를 나누고 싶은 마음이 헛된 환상일 이유는 없다. 다만 나의 연인이 여러모로 유능한 사람이지만 나에게만큼은 좋은 사람이 아닐 수 있다는 사실을 깨달아야 한다. 막바지 사랑의 열병을 앓을 때 우리가 흔히 저지르는 실수는 바로 그 사람과 함께하는 게 왜 좋은지를 되살펴 보는 게 아니라, 그 사람의 어떤 점이 멋있는지를 곱씹는 데 있다.

이별하기로 결심했지만 마지막 순간 상대가 아쉽게 느껴질 때, 그게 다시 사랑이 되살아나는 순간이라고 착각해서는 안 된다. 드디어 상대와 밀접하게 얽이지 않고 한 발짝 떨어져 바라볼 수 있게 되면서 경험하는 착시 현상이라고 보는 게 더 적절하다. 이러한 점에서 늦가을의 열병은 내가 마침내 그 사람과 함께하기를 완전히 포기하고 마음을 접었음을 알려 주는 신호다.

20. 왜 이렇게
아련한 마음이 들까?

$\longrightarrow$

오랜 심사숙고 끝에 드디어 그 사람과 이별했다. 솔직히 혼자가 되고 보니 예상했던 것보다 더 고되다. 새로운 사람을 만날 기회는 거의 없고, 집안 이곳저곳은 손볼 데가 너무 많고, 쇼핑도 귀찮기만 하다.

침대에서 빈둥거리다 보면 헤어진 사람과의 추억을 곱씹으며 공상에 빠진다. 어느 한겨울 주말에 바닷가로 떠난 데이트였다. 두꺼운 목도리를 꽁꽁 싸매고 해변을 걷던 모습이 참 귀여웠다. 갈매기한테 먹이를 주고, 방파제 위를 거닐며 종이컵에 싸구려 와인 한 잔씩 나눠 마시며 눈빛만 봐도 서로가 무슨 생각을 하는지 알던 그 순간이 참 행복했었다. 파리로 떠난 여름휴가에서는 뒷골목에 숨겨진 자그마한 베트남 식당을 발견하고 식당 주인 부부와 꽤 친해졌었다. 또 그런 적도 있다. 큰 모임에 초대받아 갔는데, 다른 사람들이 마음에 안 들어서 둘 다 구석에서 다른 사람들 흉이나 보며 시간을 보냈다. 남 욕할 때는 죽이 얼마나 척척 맞았는지. 함께 장을 보고 집에 돌아올 때면 식료품을 찬장과 냉장고에 차곡차곡 챙겨 넣고, 함께 소파에 누워 노닥거리거나 수프와 치즈를 간단히 차려 먹으며 TV를 보곤 했다. 그때는 의식하지 못했던 소소한 일상이 얼마나 특별했는지 새삼 깨닫기 시작한다. 추억이 마구 되살아나 코끝이 찡해지고 마음이 울적해진다. 헤어진 애인에게 '잘 지내?'라고 메시지라도 보내고 싶다. 연락하면 언제든지 나를 다시 받아 주고 이야기를 들어줄 것 같다.

이러한 감정을 대체 무어라 설명할 수 있을까? 내가 돌이킬 수 없는 실수를 저질렀음을 이제야 깨닫고 후회하는 것이라 여기는 사람들이 많겠지만, 이러한 감정은 정확히 말하자면 갓 헤어진 사람이 모든 걸 혼자서 해내야 하는 상황에 닥쳤을 때 겪는 매우 일반적인 심리다. 그리고 우리는 이것을 아련함, 좀 더 구체적으로는 '향수'라고 부른다.

19세기 중엽, 산업 혁명과 과학 혁명을 겪으며 영국인들의 삶의 방식은 큰 변화를 겪는다. 과거의 안정적이고 공동체 중심으로 이어지던 삶은 해체되고, 사람들은 익명성이 지배하는 도시라는 압도적인 공간에 내던져졌다. 종교가 제공하던 신념과 확신, 가치관이 길을 잃었다. 혼란을 희석하고 잠재우기 위해 예술가들과 사상가들은 더 나은 세상이란 무엇일까 상상하기 시작했다. 답을 찾는 과정에서 그중 일부는 과거로 회귀하게 된다. 좀 더 정확하게 말하자면 중세 시대의 윤리관과 도덕, 일체성에 천착했다. 전국을 가로지르는 철길이 놓이고 해저에 통신 케이블이 놓이기 시작하는 시대에 예술가들은 단순하고 순수한 공동체적 삶을 찬양하며 12~13세기의 삶을 이상적인 모습으로 상정했다. 그들은 비록 교육은 받지 못했지만 훤칠하고 행복한 일꾼들, 가을걷이가 한창인 마을의 활기찬 사람들, 가난하지만 선량한 거지, 그리고 그들에게 적선을 베푸는 인품 좋은 영주와 귀부인들을 작품에 그렸다. 이러한 그림 속 세상에는 폭력도, 인간

소외도, 두려움도, 비정함도 존재하지 않았다. 난방이 되지 않는 얼음장 같은 집에서 벌벌 떠는 세입자도, 오트밀 죽과 돼지기름으로 끼니를 때우는 빈민도 없었다. 오두막과 돌로 지어 올린 교회에서 사람들의 삶은 훨씬 더 풍요롭고 행복한 것처럼 그려졌다.

과거에 대한 향수는 왜 세상이 계속 변하는지, 꼭 변해야만 하는지에 대한 깊은 회의감에서 비롯된다. 향수에 빠진 사람의 눈에 과거란 수정과 변화, 발전이 필요하지 않은 시대였다. 역사란 결코 이성적이거나 합리적으로 전개되지 않는다는 관점에서 보면, 현재의 복잡한 문제들은 그저 우연의 결과일 뿐이요 필연성이란 존재하지 않는다. 성장과 발전이라는 '적법한 가치'를 추구하는 과정에서 예상치 못하게 발생하는 극심한 부작용을 필수불가결하다고 여기며 감내하는 것이 진정 정당한 걸까? 향수에 젖은 사람들은 현재가 과거의 문제와 어려움을 이겨 내는 과정의 연장선이자 결과라는 시각을 거부한다. 단지 완벽하게 행복했다는 사실을 잊었기 때문에 모든 것이 기이하게 나빠졌다고 주장한다.

연인 관계에서도 이러한 사고방식이 선택적으로 작동할 수 있다. 마치 한때 완벽하기 그지없던 관계였지만 수많은 실수와 부주의로 서로에게 감사하는 마음을 잃어버렸다는 것이다. 하지만 아름다웠던 순간을 과거에서만 찾다 보면 과거의 자신을 이상화하고 무비판적으로 그리게 된다. 관계의 진실을 이별 이후 한창 힘들었던 첫 6개월이나 몇 년이 지난 시점의 감정을 통해 찾아서는 안 된다. 두 사람이 한창 한마음으로 천천히, 하지만 신중하게 모든 결정을 함께해 나가던 시절을 기준으로 보는 것이 중요하다.

사람들은 흔히 불만을 느꼈던 구체적인 정황을 금방 잊는 경향이 있다. 엉망진창이었던 여행이나 불만족스러운 속궁합, 서로 고집을 꺾지 않고 신경전을 벌이던 기억 등은 쉽사리 미화하고 왜곡한다. 우리의 마음은 부정적인 상황에 대한 역치가 매우 낮아 지금 당장 코앞에 위기가 닥쳤을 때를 제외하면 나쁜 소식은 최대한 무시하려고 애쓴다. 우리에게는 무의식적으로 선택적 망각을 하려는 경향이 있다는 사실을 인지한다면 내가 왜 멀쩡해 보이는 관계를 박차고 도망치고 싶었는지 이해할 수 있다. 나도 모르게 스스로 억압했던 불안과 불쾌함이 분명히 존재했다는 뜻이니까. 미화된 추억처럼 모든 것이 다 아름답고 좋기만 했다면 그렇게 적극적으로 관계를 벗어나려는 행동을 취했을 리 없다. 연애에 대해 우리가 그리는 초상화는 머리로 아는 사실이 아니라, 마음이 느끼는 외로움과 걱정에서 영감을 받는다는 점을 명심하자.

게다가 우리가 스스로 주어진 선택지에 만족할 줄 알고 사는 인간이라 믿는 것은, 근대 사회의 도시 생활자가 중세 시대 오두막에서 살면 얼마나 행복할지 동경하는 것만큼이나 허황된 판타지에 불과하다. 존재하지 않는 것에 대해 망상의 나래를 펼치는 건 우리의 복잡 미묘한 욕구를 만족시키는 진정한 해결책이 될 수 없다. 그런 데 쓸 에너지와 상상력을 끌어모아 현실에서 실현 가능한 해결책을 강구해야 한다.

지금 한없이 우울하고 바닥을 치는 상태에서 당신이 느끼는 감정에 의존해서는 안 된다. 한창 사랑할 때의 경험과 감정을 기억해 보자. 아주 간단한 지침이 떠오를 것이다. 가장 많은 정보를 지니고 있을 때 내린 결정을 신뢰하

자. 그리고 감정이 치밀어 올랐을 때 드는 생각은 변덕이니 되도록 경계하자. 지금 당장은 내가 대체 그때 왜 그랬는지 자책하겠지만, 당신이 그런 결정을 내린 이유는 매우 명확하고 타당했다. 시간을 되돌린다고 행복해질 리 없다. 시간을 되돌려 보았자 "아, 이래서 헤어졌지"라며 이유를 되새기게 될 뿐이다. 복잡하기 그지없지만 진실한 내 마음의 소리를 따르는 용기가 필요하다. 내 마음을 지키기 위해서라면 어떠한 대가도 지불할 수 있는 준비가 되어 있어야 한다.

21. 타협해도
괜찮을까?

$\longrightarrow$

사람들은 대충 타협하고 사는 커플을 못마땅하게 여긴다. 서로 잘 맞춰 가며 사는 것처럼 보이지만 그렇다고 썩 행복해 보이지도 않기 때문이다. 아이가 있으니까, 혼자 되는 게 두려워서, 혹은 더 이상 다른 사람을 못 만날 것 같아서 따위의 핑계로 이어지는 관계들이다.

누군가와 함께하기에는 다소 부끄럽고 불순한 동기처럼 보인다. 특히 개인의 행복 추구를 중요시하는 오늘날의 가치관에서 보면 더욱 그러하다. 현대 사회에서는 스스로 행복을 찾아 나서지 않는 사람을 게으르거나 겁쟁이 거나 성격적으로 문제가 있다고 여겨 유독 박하게 대접

한다. 낭만주의 인간관에 부합하지 못하는 사람들은 참을 수 없는 비난의 대상이 되는 것이다.

하지만 여기서 우리가 당연하게 여기는 전제를 한번 비틀어 보자. 아무런 근심 걱정 없이 온전히 행복할 수 있는 길이라는 게 정말로 있을까? 낭만주의가 호언장담하는 것과 달리 우리에게 주어진 선택지가 실상은 턱없이 제한되어 있다면 어떨까? 내가 만날 수 있는 괜찮은 사람이 생각보다 얼마 안 남았을지도 모른다. 게다가 나는 이성적인 매력이 없고, 성격이 좋지도, 좋은 직업을 가지지도, 자존감이 높지도, 외모가 뛰어나지도 않아 다른 사람의 눈에 띌 리가 없다. 하릴없이 나이만 먹는다. 어쩌면 내가 나의 행복과 사랑을 추구하기 위해 가정을 버렸다고 여겨 아이들이 크게 엇나가게 될지도 모른다.

지금처럼 대충 맞춰 가며 사는 게 좋은 점도 있다. 다혈질에 결점투성이 배우자가 객관적으로는 100점 만점에 50점밖에 안 될지라도 함께하기 좋은 부분이 분명 존재한다. 예를 들어 연인으로서는 다소 불만족스러워도 아이를 함께 양육한다는 사실만으로 충분히 함께할 만한 가치가 있다. 둘이서만 보내는 시간은 늘 엉망진창으로 끝나기 일쑤지만 가끔가다 나누는 포옹과 간간히 느끼는 안온함 그리고 함께 쌓아 온 시간은 두 사람 사이를 잔잔하지만 끈끈하게 다진다.

이처럼 타협하고 산다는 게 늘 부정적이지만은 않다. 때로는 이상적인 선택지가 없다는 사실을 인정하기에 나오는 성숙하고 현실적인 대안이 될 수도 있다. 오늘날 인내심이 결여된 완벽주의 이데올로기가 추켜세우는 것과 달리 타협하지 않는 태도가 늘 용감하고 통찰력 있는 것은 아니다. 오히려 고집스럽고 오만하며 독단적인 허상에 불과할 수도 있다.

타협하는 사람을 비웃기란 참 쉽다. 누구나 거부하고 싶을 문제를 개인의 문제로 국한시키기 때문이다. 어느 연인 관계에나 반드시 존재할 수밖에 없지만 내게는 존재하지 않기를 바라는 슬픔이나 고민을 몇몇 희생양 커플에게 전가한다.

성숙한 사회는 타협이라는 행동을 쉽게 비난하거나 죄악

시하지 않는다. 타협할 수밖에 없다는 상황만으로도 당사자는 충분히 힘들 텐데, 자책까지 하는 건 너무 가혹하지 않나. 결점이 있는 타인과 타협하며 살되 분노나 절망감에 잠식되지 않고, 나의 슬픔을 잘 다독이면서 예전과는 다를 자신의 모습을 받아들이고, 나에게 주어진 수많은 상황을 고려한 끝에 희생을 어느 정도 감수하고서라도 불만족스러운 상황을 견디며 살 수밖에 없다는 사실을 받아들이는 것 역시 지극히 자연스러운 삶의 방식이다. 그런 어렵지만 대단한 결정을 내린 사람을 응원할 줄 알아야 한다. 타협했다고 늘 원수처럼 으르렁거리며 살 것이라는 편견을 버리자. 오히려 그들은 함께 살기 위해 두 사람의 관계에 필수적인 게 무엇인지 이해해 나가는 치열한 과정에 있다.

22. 어떻게 하면
잘 끝낼 수 있을까?

$\longrightarrow$

서로 상처만 주고받다 파국을 맞은 두 사람은 누가 언제 무슨 짓을 왜 했는지 등 이별 원인을 두고 일치하거나 하나로 수렴하지 않는 서로 다른 역사를 이야기한다. 예를 들어 왜 그토록 지지고 볶으며 싸우다가 결국 이별을 결심했는지 물어보면 대개 다음과 같이 말한다.

그 사람은 너무 냉정해요. 공감 좀 해 달라고 그렇게 부탁하고 애원도 했지만 점점 더 방어적으로 굴더군요. 화병 걸려 죽기 전에 그만둬야겠다고 결심했어요.

한편 그 사람과 5년이라는 시간을 함께한 상대에게 같은 질문을 던져 보면 전혀 다른 이야기가 펼쳐진다.

> **어찌나 징징거리고 집착하는지 몰라요. 내가 자기를 얼마나 사랑하는지 끊임없이 의심하고 시험해요. 왜 안 사랑하겠어요! 사랑을 표현하는 방식이 다를 뿐이죠. 하지만 늘 화를 내면서 내가 틀렸다고 몰아세우니 인내심이 한계에 달했어요.**

우리는 늘 이별 이야기에서 더 성숙했던 쪽은 나, 문제가 있었던 쪽은 상대라 치부한다. 하지만 그 이야기가 두 사람 사이의 '정설'임을 상대가 인정하지 않는 이상, 아무리 상대에 대한 비난을 쏟아 내도 마음의 상처는 낫지 않는다. 여전히 마음 한구석이 휑하고 언짢으며, 우리 사이에 어떤 일이 있었고 우리가 왜 헤어져야 했는지 해결되지 못한 질문을 붙들고 있다. 이는 헤어졌지만 '진정한 끝맺음'을 하지 못했기 때문이다.

진정한 끝맺음이 두 사람 사이에 있었던 무수한 갈등과 성격 차이를 마법처럼 사라지게 만드는 건 아니다. 다만 두 사람의 관점을 조화시킨 공통의 내러티브를 구축함으로써 두 사람 모두 이별 후에도 앞으로 잘 나아갈 수 있도록 돕는 과정을 뜻한다.

잘 끝맺지 못한 관계는 여러 문제를 초래한다. 마치 법정에서 유무죄를 판가름하듯 한쪽은 잘못한 게 하나도 없고, 다른 한쪽은 하나부터 열까지 다 잘못했다는 식의 이분법으로 관계를 정리하려 들기 때문이다. 흔히 상상하는 이별 레퍼토리에서는 늘 한쪽이 지나치게 냉담하고, 다른 한쪽은 지극히 합리적인 경우가 부지기수다. 하지만 알고 보면 차가운 줄 알았던 쪽이 오히려 멀쩡한 인간이었고 정상으로 보였던 쪽이 심하게 집착했다는 전개도 그리 놀랍지는 않다. 이런 구태의연한 논쟁이 두 사람이 사귀는 동안 내내 지속되다가 이별을 맞은 후에도 해소되지 못하고 수십 년 동안 각자의 마음속에 응어리로 남는 것이다.

이별을 앞둔 우리가 불편함을 느끼는 이유 중 하나는 내 귀에 너무 그럴듯하고 괜찮게 들리는 이야기가 실은 반쪽짜리 진실일지도 모른다는 걱정이다. 반쪽짜리 진실은 우리를 밤잠 못 자고 뒤척이게 만든다. 그냥 귀와 눈을

틀어막고 그 이야기가 무조건적으로 옳다고 믿거나 사랑이 꼭 아름답지는 않다는 비정한 현실을 마지못해 깨닫거나, 둘 중 하나를 선택하기 전에는 마음이 계속 뒤숭숭할 것이다.

그리스 로마 신화를 비롯한 고전은 사랑과 연인 관계에 대한 깊은 통찰을 제공한다. 사랑은 언제나 신중하고 사려 깊은 공감 능력을 필요로 한다는 것이다. 예를 들어 상대에 대해 칼같이 판단하기보다는 조금은 둥글둥글하게 에둘러 표현하는 것을 생각해 볼 수 있다. 물론 나의 애인이 꽤 냉정한 사람일 수는 있다. 하지만 '냉정하다'는 말 대신 '감정 표현에 서툴다'라는 표현을 써 보면 어떨까? 이는 애인이 겪었을지 모를 복잡하고 때론 상처받은 과거를 포용하고 이해할 수 있는 여지를 준다. 물론 애인이 본인의 문제를 다루고 행동하는 방식은 분명 개선이 필요하다. 하지만 상대에게 "정말 나를 사랑하긴 하니? 너 진짜 문제 있는 거 알지?"라고 쏘아붙이는 건 역설적인 요구에 그칠 뿐이다. 다시 말하지만 상대를 그저 무례하고 성격 나쁜 사람이라고 치부하는 건 불공평하다. 심리학 용어를 빌리자면 '불안정 애착'을 형성한 사람으로,

이러한 애착이 형성된 배경을 이해한다면 좀 더 연민과 공감으로 상대를 대할 수 있을 것이다.

따지고 보면 뻔하기 그지없는 내 이별 이야기에 대한 집착을 내려놓고, 상대방의 책에는 어떤 이야기가 쓰여 있으며 그로부터 어떤 것을 배울 수 있을까 고민하기까지는 상당히 큰 용기가 필요하다. 내가 원하는 대로 모든 것을 통제하려는 욕심을 내려놓고, 내가 그리 잘한 것도 없단 사실을 의연하게 받아들일 수 있을 때에야 비로소 '뻔한 이별 이야기'에서 벗어날 수 있다. 그제서야 다양한 관점을 포용하여 섬세하고, 통찰력 있으며, 갈등이 원만하게 갈무리되는 이야기를 완성해 낼 것이다.

23. 이별 말고
다른 선택지는 없을까?

$\longrightarrow$

현대 사회에서 사랑이라는 관계는 서로 사랑하는 두 사람이 일부일처제라는 결혼 제도의 테두리 안에서 아이를 낳고 기르는 단 하나의 선택지를 통해서만 완성된다고 본다.

사회적으로 인정받는 소위 '정상'의 범주에 속하기 위해 우리는 오직 한 사람에게 압도적인 정서적, 성적 애정을 쏟아야 한다. 그 애정의 대상은 나의 베스트 프렌드이자 유일한 섹스 파트너, 자녀의 공동 양육자, 공동의 재산 관리자, 서로의 치유자, 여행 동반자, 공동 주거 관리인, 유치원 선생님이자 영혼의 동반자여야만 한다. 그리고 이러한 전천후의 역할을 다 감당할 수 있는 오직 한 사람의 배우자와 한집에서 한 침대를 쓰며, 수십 년 동안 조화로운 관계를 유지하고, 서로의 기벽奇癖·욕망·변화하는 겉모습에 지대한 포용력을 발휘하며 죽음이 두 사람을 갈라놓을 때까지 함께해야만 한다.

가장 놀라운 사실은 바로 이렇게 말도 안 되게 빡빡한 조건이 지극히 당연한 것으로 받아들여지며, 수많은 사람이 이 규칙을 준수하기 위해 고군분투한다는 점이다. 그중 적어도 절반은 낙제점을 받다시피 하고, 남은 절반 중 대다수도 진창 속을 헤맨다. 기껏해야 전체 인구의 15퍼센트 정도만이 '보편적인 삶'이라 못박아 둔 선택지에 상응할 만한 삶을 산다.

우리 사회는 '사랑으로 이어진 일부일처제Romantic monogamous marriage'를 따르지 못하는 사람을 애착 불안, 섹스 중독, 불감증, 타인과의 경계 문제boundary issues, 자기혐오, 유년기 트라우마 등의 심리적인 장애를 가지고 있다고 진단한다. 즉 오직 한 명의 파트너와만 관계 맺는 것을 원치 않는 사람이나 주말은 애인과 떨어져 각자의 시간을 갖길 원하는 사람, 파트너보다 다른 사람과 더 친밀하고 가깝게 지내는 사람은 심리적으로 문제가 있다고 낙인찍는 것이다.

관계의 어려움을 겪는 수많은 사람이 이별할지 말지 확실히 결정하지 못하는 이유는 뚜렷한 답을 찾지 못해서가 아니라, 우리에게 주어진 선택지 중 마음에 쏙 드는 게 없기 때문이다. 낭만주의 문화는 이러한 문제를 다루는 데 있어 큰 도움을 주지 못한다. 헤어지고 싶은 마음 이면에 헤어지기 싫은 마음도 존재하는 건 너무나 당연하고, 관계를 지속하고 싶은 마음 이면에 헤어지고 싶은 마음이 늘 그림자처럼 따라다니기도 한다. 하지만 우리는 이러한 양가감정을 잘못된 것이고 이기적이라 치부하며 밀어내기 바쁘다. 사귀면서 안 사귀는 게 대체 어떻게 가능하단 말인가? 하지만 이 헛소리가 실은 지극히 정상인지도 모른다. 사랑에 오직 두 가지 선택지만 있다는 전제 자체가 오류이며, 여기서 모든 문제가 비롯되기 때문이다.

예를 들어 누군가 당신에게 이렇게 묻는다고 치자. "이번

휴가는 어떻게 할래? 빨리 결정해. 바닷가로 가면 반드시 매일 여섯 시간씩 물놀이를 해야 돼. 도시로 간다면 행선지는 제네바뿐이야. 고민할 시간 없어! 둘 중에 뭘 고를래?" 모 아니면 도라는 식의 질문이 얼마나 터무니없는지 금방 알아챌 것이다. 왜 하필 이 두 가지 선택지만 가능하단 말인가? 바다, 좋다. 하지만 왜 죽어라 수영만 해야 할까? 도시 관광도 물론 좋지만 왜 하필 꼭 제네바에만 있어야 하는 거지? 즉 선뜻 선택하지 못하는 나에게 문제가 있는 것이 아니라, 나에게 주어진 선택지 자체가 문제인 것이다.

낭만주의 연애관은 우리 사회에 너무나 깊숙이 침투해 있다. 이 때문에 우리는 낭만주의 연애관이 굉장히 특수하고 근대적인 산물이라는 사실을 쉬이 잊는다. 즉 과거에는 존재하지 않았으며, 미래에는 사라질 수도 있는 가치관이다. 그렇다면 좀 더 다양한 연인 관계와 이별의 방식을 역사적인 사례를 통해 살펴봄으로써 극도로 경직된 낭만주의의 이분법적 사고를 벗어나 보자.

(1) 에로틱한 우정

1745년, 프랑스 국왕 루이 15세는 잔 앙투아네트 푸아
송(머지않아 '퐁파두르 부인'이라는 이름으로 더욱 유명해진
다)을 자신의 정부情婦로 공인한다. 이후 그녀에게 으리
으리한 저택을 하사하고, 몇 년간 대부분의 오후 시간과
숱한 밤을 그녀와 함께한다.

이 관계는 공공연한 비밀조차 아니었다. 모든 사람이 퐁
파두르 부인과 루이 15세의 깊은 관계를 알고 있었고, 그
덕분에 그녀는 저명한 사회 인사가 되었다. 게다가 퐁파
두르 부인과의 관계가 왕의 결혼 생활에 위협이라 여기
는 사람도 없었다. 이혼이 거론된 적은 물론 없거니와 루
이 15세의 황후와 퐁파두르 부인은 좋은 친구가 되었다.

'사회적으로 인정받는 정부'라는 존재가 가능했던 것은
당시의 결혼관 덕분이었다. 두 남녀가 혼인하는 여러 이
유 가운데 두 사람의 사적인 친밀감은 고려 대상이 아니
었다. 루이 15세의 경우도 마찬가지였다. 그는 10대 시절
폴란드의 공주 마리 레슈친스카와 혼인했다. 그녀는 여

러모로 완벽한 파트너였고, 두 사람은 많은 자녀를 낳았다. 왕비는 신앙심이 깊을 뿐만 아니라 대중적으로도 많은 사랑을 받았다. 또한 당시의 복잡한 정치 상황에서도 중도 노선을 지켜 국왕에게 큰 도움이 되었다. 이 모든 요소가 너무나 중요했기에 루이 15세는 그녀와 결혼한 것을 후회한 적이 없다.

현대의 관점에서는 도저히 받아들이기 힘들지만 지금 우리의 삶에도 꽤 도움이 될 만한 사실이 있다. 바로 연인 혹은 결혼 관계는 둘 중 한쪽 혹은 두 사람 모두가 타인과 잠자리를 해도 여전히 건강하고 성공적으로 유지될 수 있다는 사실이다! 타인과 관계를 갖느냐 마느냐에 선행하는 더 중요한 전제 조건이 있기 때문이다. 중요한 토대는 동반자 관계를 유지하는 이유를 두 사람 모두가 명확히 인지하느냐는 것이다. 두 사람이 결합한 이유가 매우 분명하고 서로를 존중하고 존경하는 마음이 굳건하다면, 상대가 다른 사람과 오붓한 저녁 시간이나 주말을 보내는 것쯤은 크게 걱정할 필요가 없다.

(2) 공동 양육자

아이를 위해서라면 얼마든지 함께할 수 있는 커플들이 있다. 저녁 식사는 늘 가족과 함께하고, 아이를 씻기고, 잠들 때까지 책을 읽어 준다. 아침 식사도 거르지 않는다. 명절에도 늘 가족과 함께 시간을 보낸다. 하지만 그 외에는 서로의 삶에 관여하지 않는다. 상대가 요즘 누구와 데이트를 하는지, 화요일 오후 시간은 뭘 하고 보내는지 신경 쓰지 않으며 굳이 알려고도 하지 않는다. 서로의 삶에 관여할 필요도, 이유도 느끼지 못한다. 경제권도 분리되어 있으며, 두 사람 사이의 공통 대화 주제는 오직 아이뿐이다.

이 경우, 두 사람의 관계를 소위 '자식 때문에 함께 사는 부부'라 칭할 수 없다. 왜냐하면 두 사람은 결코 함께하는 것이 아니기 때문이다. 두 사람은 이미 완전히 헤어진 것이나 다름없다. 다만 앞으로도 수년을 들여 완수해야 하는 공동의 과제가 남았기에 이를 함께 수행하는 것뿐이다.

이들은 부부 관계가 너무 불만족스러운 나머지 부모 역할을 할 때조차 아이 앞에서 옥신각신하거나 냉기를 폴폴 풍기는 경우가 허다했다. 하지만 두 사람이 완전히 갈라선 이후엔 오히려 부모 역할에 더 집중하며 평정심을 유지할 수 있다. 관계에 대한 기대나 이해받기를 원하는 마음을 모두 내려놓은 덕에 서로를 존중하며 친절하게 대하는 게 가능해진 것이다.

(3) 동반자

결혼 생활을 유지하지만 배우자보다 더 친밀하고 특별한 이성 친구가 있는 경우다. 두 사람의 관계는 성적인 것과는 거리가 멀다. 서로에게 매력을 느끼기는 하지만 선을 넘을 생각은 전혀 없기 때문이다. 대신 서로의 일상에 대해 시시콜콜한 부분을 나누고 고민을 들어주며 서로에게 큰 힘이 되어 준다. 당신의 동반자는 당신과 머리를 맞대고 청구서 금액을 계산하거나 가구 조립을 도와준다. 어찌 보면 우정이라 할 수 있지만, 연인끼리만 할 수 있다고 받아들여지는 일까지 폭넓게 함께한다는 점에서 차이가 있다.

이런 이성 관계는 여러 시대, 여러 나라에서 공식적으로 용인되어 왔다. 일본에서는 게이샤와 손님의 관계가 그러했다. 두 사람이 밤을 함께 보내지만 주로 약간의 희롱과 가벼운 애무가 오갈 뿐 반드시 섹스가 전제되는 건 아니었다. 게이샤의 주력 분야는 바로 가무와 화술이었다. 게이샤들은 재치 있고 공감 능력이 높은 청자로서 손님의 이야기에 귀 기울이고 그들의 기분을 북돋워 주며 훌륭한 대화 상대가 되었다.

또 다른 예로 이탈리아의 카발리에레cavaliere를 들 수 있다. 18세기 이탈리아에서는 귀부인이 카발리에레, 즉 기사를 두는 것이 일반적이었다. 카발리에레는 젊고 매력적이며 친절한 남성 동반자로, 귀부인을 호위하며 함께 점심을 먹고, 쇼핑을 하고, 파티에 참석했다. 귀부인이 다른 지역에 사는 친구를 만나기 위해 여행을 떠날 때면 카발리에레가 동행해 그녀의 짐을 챙기고 여정에 불편함이 없도록 살뜰하게 살폈다.

요점을 말하자면, 연인 관계에서 우정을 분리하는 것이다. 그렇다고 해서 연인 사이에 아무런 교류가 없다는 뜻은 아니다. 다만 성격이나 성향의 차이가 극복할 수 없지만 견뎌야만 하는 무언가는 아니란 뜻이다. 내 애인이 여러 면에서 나와 잘 맞지만 너무 바빠서 함께 시간을 보내기 힘들다거나 쇼핑이라면 질색하거나 혹은 지나치게 과묵할 수 있다. 이렇게 안 맞는 부분은 연인 관계에 치명적이다. 다행스럽게도, 그런 활동을 꼭 애인이랑만 해야 하는 건 아니다.

(4) BDSM 관계

비가 추적추적 내리는 수요일 밤, 골목길 안쪽에 자리한 어둑한 공간에서 물류 관리자는 수습 건축가에게 매질을 당하고, 은퇴한 엔지니어가 마케팅 팀장의 목에 목줄을 맨다. 이 중 대부분은 기혼자이지만 배우자 없이 혼자 이곳을 찾았다. 섹스가 사랑의 표현이기를 믿고 싶은 우리의 관점에서 이런 관계는 짐승처럼 느껴질지도 모른다. 하지만 현실에서도 극히 구체적이고 강렬한 성적 욕망을 느끼는 사람들은 많다. 이는 단순히 옳고 그름의 문제가 아니다. 누군가는 꽉 끼는 코스튬을 입었을 때 극도의 흥분을 느끼고, 파트너에게 욕설을 들으면 흥분하기도 한다. 이런 성적 환상을 연인 혹은 부부 관계에서는 결코 드러내서는 안 된다는 강박은 심한 좌절감으로 이어진다.

당연하게도 내 애인은 이런 플레이에 관심이 없거나 싫어할 수 있다. 최대한 점잖게 권유해 보고, 내가 가진 성적 환상에 대해 최대한 잘 설명해 보려 애쓰지만 이건 너그럽게 들어줄 만한 문제가 아니다. 애인은 제안을 듣는 것만으로도 불쾌해할지 모른다. 다른 모든 부분에서는 서로 잘 맞지만 이 한 부분에서 엇나가면서 결코 충족되지 못하는 헛헛함이 결국 다른 부분에까지 영향을 끼친다면 이 얼마나 안타까운 일인가.

낭만주의 연애관은 우리에게 피할 수 없는 비극적인 결정을 내리도록 종용한다. 두 사람의 관계를 유지하되 나의 가장 은밀하고 내밀한 욕망은 결코 이해받을 수 없다는 사실을 감내하든가, 아니면 한 주에 길어야 몇 시간에 불과한 쾌락의 순간을 위해 관계에서 중요한 다른 모든 요소들을 포기하던가.

BDSM 관계는 이렇듯 모 아니면 도라는 선택지를 거부한다. 대신 오직 성적인 욕망 하나만을 추구할 수 있는 기회를 제공한다. 그리고 성적 문제를 해소함으로써 연인과의 관계에서 얻는 수많은 가치와 감정을 소중히 여길 수 있도록 돕는다.

(5) 자발적 롱디 커플

이들은 일 년 내내 붙어 지내는 대신 대부분의 시간을 따로 보낸다. 하지만 새해 연휴 기간과 여름휴가 기간을 포함해 1년에 몇 번은 주기적으로 일정한 시간을 함께 보낸다. 이는 두 사람 간의 오래된 약속으로, 매해 꾸준히 약속을 지킨다. 함께 지낼 때는 여느 부부처럼 일상을 함께하며 그동안 못다 한 이야기로 밤을 지새운다.

두 사람은 서로에게 느끼는 소속감은 매우 깊으나, 늘 붙어 지내는 게 두 사람의 관계에 긍정적이지 않다는 사실을 일찌감치 깨우쳤다. 화장실 벽을 무슨 색으로 칠할지, 아침에는 몇 시쯤 일어날지, 도시에서 살지 시골에서 살지, 경제권은 어떻게 나눌지, 집안일은 어떻게 분담할지 등 하나에서 열까지 부딪히기 때문이다. 속궁합도 그냥 그렇다. 이들은 내내 함께 붙어 지내는 건 힘들지만 그것만으로 두 사람의 관계를 끝내기에는 아쉽다는 사실을 솔직하게 받아들인다. 대신 친밀감과 사랑이라는 근본적인 문제로부터 일상에서 겪는 좌절감을 분리하는 방법을 택한 것이다.

흔히들 애인이나 배우자와 혼연일체를 이루지 못한 사람들이 마지못해 대안적 관계를 모색한다고 여긴다. 하지만 상대와 모든 것을 함께하는 것이 정말 우리가 진정으로 원하는 바일까? 낭만주의 연애관은 그야말로 이상적이고 까다롭기 그지없으며 매우 인위적인 창조물이다. 18세기 후반 프랑스에서 소수의 사람들을 중심으로 모든 것을 함께하며 가정을 함께 일구는 동반자가 서로의 연인인 관계야말로 세상에서 가장 이상적인 관계라는 생각이 번져 나가기 시작했다. 당대에는 이러한 이상을 추구하는 사람들을 괴짜에 비정상이라고 치부했다. 하지만 그 괴짜들이 자신들의 이상향을 시와 교리, 소설, 희곡 등에서 꾸준히 세련되고 아름답게 그려 낸 결과, 마침내 낭만주의 연애관이 추구하는 관계가 인간 본연의 덕목처럼 받아들여지게 되었다.

하지만 사회에서 '적절한 관계'로 용인되는 모델이 단 하나뿐이라는 사실은 못내 받아들이기 어렵고 이상하다. 인간의 생존과 관련한 여러 분야를 통틀어 보아도 이처럼 경직되고 표준화된 척도를 들이미는 경우는 없기 때문이다. 모든 사람이 반드시 선택해야만 하는 단 하나의 직업이 존재하는 것도 아니고, 단 하나의 명절만 존재하는 것도 아니며, 모든 사람이 같은 형태의 집에 사는 것도 아니다. 사람은 모두 저마다의 상황과 욕구가 있고, 심지어 통계적인 기준치에서 크게 벗어난 삶을 살기도 하지만 고유의 삶으로 존중받는다.

이별 문제로 남몰래 고민할 때면 사람들은 놀라운 창의

성을 발휘한다. 내가 너무나 사랑하지만 다른 누구와 마찬가지로 어떤 부분에서는 결점이 뚜렷하고, 또 어떤 부분은 나와 영원히 맞지 않은 나의 애인과 '어떤 식으로 살아가면 좋을까?' '어떤 방식으로 함께하고 싶은 걸까?'를 늘 상상해 본다. 다른 수많은 창의적인 생각들과 마찬가지로 내가 떠올린 그림 역시 터무니없고 이상할지 모른다. 하지만 낭만주의자들처럼 우리 역시 사랑이란 영역의 개척자다. 가능한 한 조심스럽게, 하지만 즐겁게, 두 사람에게 가장 잘 맞는 삶의 형태는 어떤 것이 될 수 있을지 그 미지의 세계를 꿈꾸고 그려 나가는 것이다.

연애를 막 시작하는 두 사람의 관계를 낭만주의적 일부일처제에 국한하지 않고, 서로의 성격과 성향을 온전히 이해하는 두 사람이 서로에 대한 깊은 신뢰를 바탕으로 관계를 결정한다면 연애는 구속이 아닌 순수한 해방이 될 수 있다. 사회적으로 획일화된 방식을 따라야만 만족을 얻을 수 있다고 믿는 사람들은 따가운 눈초리를 보내겠지만, 더 혁신적이고 사회적으로 흔한 방식이 아닐수록 더 만족스럽고 풍요로운 관계를 가꾸어 나가는 노력이라고 보아야 한다.

과거 유럽 귀족 사회의 남성 후계자들은 군인과 성직자, 오직 두 종류의 직업만 선택할 수 있었다. 이렇게 편협한 제도가 말도 안 되는 건 너무나 당연했기에 얼마 지나지 않아 역사의 뒤안길로 사라졌다. 그리고 현재, 기본권이 보장되는 국가에 사는 사람이라면 누구나 고를 수 있는 직업이 4,000여 개 이상 있다. 사랑에도 이처럼 다양한 양질의 선택지가 주어져야 한다. 인간은 관계에 특화된 존재다. 나의 성적 욕구에 대해 부끄러움을 느끼지 않고 당당해질 권리가 있으며, 나에게 만족감을 선사하는 것이 무엇인지를 상대에게 부드럽게 전달할 능력이 있고, 깊고 섬세한 감정과 정서를 서로 이해하고 배려하며 두 사람만의 방식을 만들어 나갈 힘이 있다.

24. 끔찍한 실수를
저지르는 것은 아닐까?

$\longrightarrow$

.

이 책의 모든 조언은 시행착오를 최대한 줄이고, 후회와 미련을 갖지 않도록 돕는 데 초점을 맞추었다. 내가 내 마음을 몰라 바보같이 구는 일이 없도록 생각을 명확히 정리하는 데는 수많은 방법이 있다. 하지만 때로는 어떻게 노력하더라도 풀리지 않는 일이 있다는 사실도 인정하고 받아들일 수 있어야 한다.

어떤 결정을 내리든 후회하지 않을 수는 없다. 이별하고 괴로워할 수도, 헤어지지 못해서 고통받을 수도 있다. 심지어 두 사람만의 새로운 타협안을 만들어도 여전히 상황이 나아질 기미가 없을지도 모른다. 아무 근심 걱정도 없는 선택지란 존재하지 않는다. 아무런 손해도 보지 않는 선택지란 없기 때문이다.

19세기 철학자 키르케고르는 이러한 딜레마를 가장 잘 이해한 사람이다. 그는 인간의 삶은 필연적으로 불완전하다는 사실에 천착했다. 키르케고르에 따르면 모든 선택은 다른 선택지를 골랐을 때 얻게 되었을 행복을 차단할 수밖에 없다. 때문에 우리는 가장 좋은 기회를 놓쳤다고, 무언가를 잃어버린 것 같다는 불안감을 마음 깊숙이 지니고 살아간다. 굉장히 암울하면서도 희극적인 그의 저서 『이것이냐 저것이냐』에서 그는 아무런 대가도 치르지 않는 선택이라는 허상을 좇는 인간 심리를 뿌리부터 뒤흔든다.

결혼하라, 후회할 것이다. 독신으로 살아, 이 또한 후회할 것이다. 결혼하든 하지 않든 어차피 후회할 것이다. 세상의 아둔함을 비웃어 보라, 후회할 것이다. 세상의 아둔함을 애통해 하라, 그 또한 후회하게 될 것이다. 세상의 아둔함을 비웃건 애통해 하건 그대는 후회하게 될 것이다. 여자를 믿어 보라, 후회할 것이다. 여자를 믿지 말라, 역시 후회할 것이

다. … 목을 매라, 후회할 것이다. 목을 매지 마라, 후회할 것이다. 목을 매든 목을 매지 않든 무얼 선택해도 후회할 것이다. 그대들이여, 이것이 바로 모든 철학의 핵심이다.

다소 매정하게 들리겠지만 사실 매우 친절한 조언이다. 심지어 어두운 진실을 전하는 수많은 이야기들과 마찬가지로 유머까지 갖췄다. 더 아름다운 선택지를 놓쳐 버렸다는 생각에 괴로워하고 자책하지 말자. 우리가 어떤 최선의 선택을 하더라도 우리는 조금 불행하다는 기분과 다른 선택을 했어야 한다는 아쉬움을 느끼며 무언가 잃어버렸다는 순수한 상실감에 괴로워할 수 있다. 허나 이것을 '틀린' 선택을 했다는 신호로 받아들이면 안 된다. 사랑의 문제에 있어 '틀린' 것은 없으며, 온전히 '옳은' 선택 역시 존재하지 않는다. 우리는 좋은 날에도, 힘든 날에도, 그저 인생의 섭리를 겪어 내는 것뿐이다. 어떤 아쉬움이나 후회도 없는 선택을 하려는 과욕을 내려놓아야 한다. 물론 때때로 조금 잘못된 결정을 하겠지만, 그 결과가 언제나 비극인 것은 아니다. 마음이 단단하다면 언젠가 그 일을 웃으며 이야기하는 날이 올 것이다. 내 경험을 나누며 친구를 위로하는 날도 올 것이다. 그렇게 그 선택은 삶이 우리에게 끝없이 던지는 무수한 딜레마 중 가장 날카롭고 멋지며, 가장 쪽팔린 추억으로 남을 것이다.

배경린

연세대학교 영어영문학과를 졸업하고 동대학원에서 석사 학위를 받았다. 텍사스 A&M 대학교에서 20세기 이후 문학과 현대 탈식민주의 여성 시를 연구하며, 연세대학교에서 강의하고 있다. 옮긴 책으로『정원가의 열두 달』『지켜야 하는 아이』등이 있다.

안전 이별

초판 1쇄 인쇄 2023년 5월 4일
초판 1쇄 발행 2023년 5월 24일

기획자 알랭 드 보통
지은이 인생학교
옮긴이 배경린
펴낸이 정은선

펴낸곳 ㈜오렌지디
출판등록 제2020-000013호
주소 서울특별시 강남구 선릉로 428
전화 02-6196-0380
팩스 02-6499-0323
ISBN 979-11-92674-63-6 (03190)

www.oranged.co.kr